# Sonnenuntergang am Kalscheurer Weiher

## Denn das Gute liegt so nah

Geschichte einer Bürgerinitiative
aus der Sicht eines Mitglieds

 Maria Merimi, geboren 1949 in Köln, in der Ruhephase der Altersteilzeit. Wohnort Köln-Zollstock.

Oft drohen im Alltag aus Bequemlichkeit und Überforderung Dinge unterzugehen. Gerne würde man sich engagieren, aber es fehlt die Zeit dazu. Die Kündigung der Pächterin des Kiosks am Kalscheurer Weiher in Köln-Zollstock durch die Stadt Köln und die Angst davor, dass dieser schöne Platz in der Natur verloren gehen könnte, hat mir die Kraft gegeben tätig zu werden. Es war mir ein Herzenswunsch diese Geschichte so aufzuschreiben wie ich sie erlebt habe. Es ist daher die Geschichte einer Bürgerinitiative aus meiner Sicht mit all den kleinen Nebengeschichten einzelner Personen die zu der Zeit am Kalscheurer Weiher präsent waren. Sie hat nicht den Anspruch auf Vollständigkeit.

Fotos Seite 14 + 25 Günter Marquardt, alle anderen Fotos Maria Merimi

## Vorwort

Im März dieses Jahres wurde unser Verein „Unser Kalscheurer Weiher e.V." 3 Jahre alt – wenn man darüber nachdenkt kann man es kaum glauben.
Hervorgegangen ist der Verein aus der Bürgerinitiative, die sich gegen die Kündigung des Pachtvertrages mit Andrea Bruce durch die Stadt Köln zum Jahresende 2009 wehrte und die sich gleichzeitig für den Wiederaufbau eines neuen Büdchens am Kalscheurer Weiher einsetzte.
Mit Entsetzen hatten wir - die ersten Mitglieder der Bürgerinitiative – registriert, und mit uns viele andere Bürger aus Zollstock und den umliegenden Stadtteilen, dass auf diesem Teil des Grüngürtels die Stiftung „Kölner Grün" aktiv geworden war, der das alte urige Büdchen ein Dorn im Auge war.
In der Bevölkerung ging die Angst um, dass den Zollstockern statt des geliebten Büdchens ein „Schickimicki-Haus" vor die Tür gesetzt werden sollte. Das Angebot an die Stadt mit Stiftungsgeld zum Erhalt und zur Pflege des von Adenauer angelegten Grüngürtels beizutragen, hatte demnach nicht nur positive Aspekte. Das konnten wir so nicht hinnehmen.

Die Bürgerinitiative, und mit ihr einige hundert Unterstützer, forderten die Stadt also auf, die Pacht neu auszuschreiben. Wie aber konnte sichergestellt werden, dass sich tatsächlich kein neuer Pächter mit überhöhten Preisen und schickem Mobiliar auf unserem geliebten Platz breit machen würde? Das konnten doch nur wir aus der Bürgerinitiative sein, die die Bürger mobilisiert hatten und keine wirtschaftlichen Interessen mit dem Büdchen verbanden.

Doch zunächst musste ein Zwischenschritt her bis der neue Kiosk in Betrieb gehen würde: Mit Unterstützung aller Parteien der Bezirksvertretung Rodenkirchen ist es gelungen, ein „Notbüdchen" zu errichten, das wir nun schon seit fast drei Jahren betreiben. Eine einmalige Sache in ganz Köln: ohne Konzession (die mit vielen Auflagen verbunden ist), geduldet von der Verwaltung, die sich dem Druck der Bevölkerung und unserer Aktivitäten nicht verschließen konnte.

Schnell wurde aber auch klar, dass sowohl finanziell wie auch arbeitsmäßig die vor uns liegende Aufgabe nicht von einem Einzelnen zu bewältigen sein würde – es sei denn, er baut tatsächlich ein zweites „Haus am See".

Wie Recht wir hatten sollte sich in den folgenden Jahren herausstellen und unsere Erwartungen sollten noch um ein Vieles übertroffen werden. Drei Jahre hat es gedauert, unsere jetzige Flotte von zwölf Booten, nun allerdings in wirklich neuem Glanz, erstehen zu lassen. Ein Jahr hat es gedauert, bis der Pachtvertrag Anfang 2011 unterschrieben war und weitere zehn Monate dauerte es, bis der Bauantrag endlich genehmigt war und wiederum ein weiteres Jahr bis das neue Büdchen nun endlich fertig gestellt ist.

Einzurechnen sind dabei natürlich die Winter, die nicht nur den Publikumsverkehr bis auf die schönen Tage zum Erliegen bringen sondern auch die Bauarbeiten massiv beeinträchtigt haben.

Vor allem aber scheint es als ein kleines Wunder, dass wir trotz Allem so weit gekommen sind. Viele unserer Mitglieder sind berufstätig und haben nur an Wochenenden Zeit sich für den Verein einzusetzen. Andere haben fast ihre gesamte Zeit für den Verein geopfert.

Von anfangs zehn Gründungsmitgliedern ist der Verein binnen 1 1/2 Jahren auf über 30 Mitglieder angewachsen – eine bunte Mischung aus Berufen, Lebenserfahrungen und Persönlichkeiten.
Heraus kristallisiert hat sich ein fester Kern von ungefähr 15 Aktiven, die die Dienste im Kiosk verrichten, den Einkauf für den Kiosk organisieren, die Bauarbeiten planen und durchführen, die Boote reparieren und viele andere Aufgaben wahrnehmen, ohne dass diese offen ersichtlich sind. Nicht weniger wichtig sind aber auch die Mitglieder, die uns finanziell oder mit ihrem (Fach)Wissen und ihrer Meinung unterstützen. Und nicht zu vergessen die Nichtmitglieder, die uns bei den Bauarbeiten mit ihrem Fachwissen und ihrer Arbeitskraft und ihren Tipps helfen oder im Kiosk mitarbeiten, die Fördermitglieder, die Firmen, die uns durch Material sponsern oder ihre Facharbeit anbieten. Ohne das Zusammenwirken all dieser Teile wären wir niemals so weit gekommen wie wir jetzt sind.
Würde uns jemand fragen ob wir diesen Weg gegangen wären wenn wir gewusst hätten was auf uns zu kommt, kann ich nur sagen: gut dass wir es nicht gewusst haben.
Wir haben aber nicht nur viel Arbeit erlebt und viele Schwierigkeiten aus dem Weg räumen müssen – wir haben auch viele schöne Erlebnisse gehabt und haben sie immer wieder neu. Und vor allem haben wir für uns und unsere Besucher ein wunderschönes Stückchen Erde erhalten an dem wir unsere freie Zeit verbringen können. Unsere Besucher können hier die Schönheit des Grüngürtels und des Weihers genießen.
Es wurde aber auch schnell klar, dass der Erhalt dieses Kleinods nicht von selbst zu haben sein würde. Die ständige Pflege des Weihers zur Aufrechterhaltung der Was-

serqualität erfordert viel persönlichen Einsatz und ständige Beobachtung von Veränderungen. Unsere Besucher und vor allem auch die jungen unter ihnen sollen angesprochen werden und so ein Bewusstsein dafür bekommen, dass wir uns alle um den Erhalt der Natur bemühen müssen.

Maria, unser Vereinsmitglied, die fast von Anfang an dabei ist, hat neben den anderen Aufgaben, die sie im Verein übernommen hat, die Zeit gefunden, den ereignisreichen und erfolgreichen Weg vom „alten" zum „neuen" Büdchen in Ausschnitten lebendig werden zu lassen. Hierbei handelt es sich nicht um eine Vereinschronik, sondern um ein persönliches Buch, für das wir ihr herzlich danken. Bedanken möchten wir uns auch bei den Mitgliedern, die dafür Bilder und Dokumente zur Verfügung gestellt haben.

Ulrike Bojahr
1. Vorsitzende (Unser Kalscheurer Weiher e.V).

# Wie für mich alles begann

## Die Begegnung mit Karin

Ich komme von einer Reise zurück und befinde mich in der Linie 12 nach Zollstock. Mir fällt eine Frau mit Fahrrad auf, die einem Mann von ihren Erlebnissen an der Nordsee erzählt. Dieser Mann irritiert mich in der Art und Weise wie er auf die Frau einredet, sich aber offensichtlich an der Nordsee auskennt. Als ich gerade überlege mich woanders hinzusetzen, nimmt das Gespräch für mich eine erstaunliche Wendung und ich spitze meine Ohren. Die Frau muss am Zollstockgürtel aussteigen und sagt dem Mann, dass sie am Kalscheurer Weiher engagiert ist und sich heute Abend „Op dr Eck" mit Leuten trifft die es nicht hinnehmen wollen, dass das Büdchen an dem schönen Platz in der Natur platt gemacht wird. Ich bin sensibilisiert für dieses Thema, denn seit einigen Wochen habe ich ein schlechtes Gewissen, weil ich auch vor hatte mich dort zu engagieren. Wie war es doch gleich Anfang Januar, als ich beim Spaziergang am Kalscheurer Weiher Andrea Bruce, die Vorbesitzerin des alten Kiosks, vor den Resten des abgebauten Büdchens stehen sah. Nein, das lassen wir nicht zu, hier müssen wir was unternehmen! Ja, ich hatte vor auf jeden Fall etwas zu unternehmen und zu den Treffen „Op dr Eck" zu gehen. Aber dann holte mich der Alltag ein mit all seinen Geschehnissen und, und, und …, es gibt immer viele Gründe gute Vorsätze nicht in die Tat umzusetzen. Jetzt erinnern mich die Worte der Frau an meinen Wunsch etwas zu tun! Ich höre mich sagen, „ach, das ist ja interessant, wann trefft ihr Euch denn heute Abend?" Die Worte kommen ganz selbstverständlich aus mir heraus und es stört auch gar nicht, dass ich die Frau bisher noch nicht kenne, „ich heiße Karin" sagt sie und damit ist für mich klar, da gehe ich heute Abend hin!

**Vorgeschichte, was war passiert:**

Am Samstag, den 2. Januar 2010 gehen mein Freund und ich morgens am Kalscheurer Weiher spazieren. Ich liebe diese Spaziergänge am Morgen. Es ist kalt, Eis und Schnee liegt auf Wiesen und Wegen. Die Sonne strahlt hell in mein Gesicht, wunderbar! Als wir Tee trinken wollen am See erschrecke ich mich. Klar wusste ich, dass eine Kündigung seitens der Stadt ausgesprochen war. Irgendwie hatte ich aber gehofft, dass sich daran noch etwas ändern ließe. Dieser Platz in der Natur ist so außergewöhnlich schön und ich konnte mir nicht vorstellen, dass es ihn nicht mehr gibt. War ich nicht vor Weihnachten dort gewesen und alles stand noch? Andrea Bruce hatte nicht gesagt, dass es nun Ernst wird mit dem Abbau, oder hatte ich nicht hingehört? Aber jetzt kann ich vor der Realität meine Augen nicht mehr verschließen. Alles ist weggeräumt und Andrea holt gerade mit dem Auto irgendwelche Reste ab. In kurzer Zeit stehe ich mit einigen Spaziergängern und Andrea zusammen. Sie erzählt uns noch mal ihre Geschichte und Tränen fließen. Über Monate haben Mitarbeiter der Stadtverwaltung der Pächterin des Kiosk und des Tretbootverleihs am Kalscheurer Weiher das Leben schwer gemacht. Nun ist sie vom Grünflächenamt gekündigt und ihrer selbstständigen Existenz beraubt worden. Viele Bürger in Zollstock, die das mitbekommen haben, sind empört.
An diesem Morgen bedanke ich mich bei Andrea Bruce und sage ihr, wie gerne ich immer an diesem Platz gewe-

sen bin. Für mich ist klar, dass ich das so nicht hinnehmen möchte.

In meinem Terminkalender finde ich am 4. Januar 2010 den Eintrag „Op dr Eck" Kalscheurer Weiher, 19.00 Uhr. Was war geschehen, dass ich dann noch 7 Wochen brauchte um „Op dr Eck" anzukommen? Der Alltag hatte mich wieder fest im Griff, viel Arbeit und sonstige Aktivitäten, eine Reise und plötzlich ist der 22. Februar und ich begegne der Frau in der Bahn. Aber, heute Abend verschiebe ich nichts und gehe „Op dr Eck".

**Hintergrund der Geschehnisse**

An meinem ersten Abend „Op dr Eck" gibt mir Ottmar Lattorf das Flugblatt von NABIS und der Bürgerinitiative Kalscheurer Weiher von Februar/März 2010 worin ich folgendes lesen kann:

*„Da die Stadt Köln immer mehr Geld in absurde Großprojekte steckt (Müllverbrennungsanlage, Messe-Bau, Schauspielhaus...) hat sie für die Pflege der Grünanlagen kein Geld mehr und zieht sich immer mehr aus ihrer Verantwortung für die Grünflächen zurück. So auch am Kalscheurer Weiher. Gleichzeitig überlässt sie die Pflege und Gestaltung mancher Grünflächen nun der schwer reichen privaten Kölner Grün Stiftung gGmbH. Wie am Kalscheurer Weiher. Doch diese Stiftung sieht nur vordergründig so aus, wie eine nützliche Öko-Initiative, die Parks verschönern will. Die Geschäftsführer dieser Stiftung sind die Brüder Paul Bauwens-Adenauer und Dr. Patrick Adenauer, die gleichzeitig die Chefs eines großen Kölner Baukonzerns sind. Zum Kuratorium dieser Stiftung gehört derselbe Kreis von Konzernen und Reichen,*

*die unter der Führung von Esch/Oppenheim Verträge mit der Stadt Köln zum Bau der Messehallen abgeschlossen haben. Zu einem total überhöhten Preis für den Haushalt, wie man weiß. Bauwens-Andenauer, dieser mächtige Baukonzern sucht – genauso wie zuvor schon Esch/Oppenheim – nach neuen lukrativen Projekten mit der Stadt Köln, um sich dann ungehindert aus öffentlichen Kassen bedienen zu können oder um öffentliches Eigentum zu übernehmen.*
(s. Flugblatt von NABIS Februar/März 2010).

Interessant in dem Zusammenhang ist, dass am selben Tag, an dem die Bezirksvertretung die „Schenkung" der Grün Stiftung akzeptiert hat, das Grünflächenamt den Pachtvertrag von Andrea Bruce zum Jahresende 2009 gekündigt hat.
Selbst die einstimmige Verlängerung des Pachtvertrages durch die Bezirksvertretung Rodenkirchen bis zum März 2010 hat das Grünflächenamt nicht interessiert.

Eintrag in meinem Tagebuch am 22. Februar 2010 „Das Treffen war intensiv und nun habe ich eine neue Aufgabe. Mal sehen wo es hinführt". So fing meine Arbeit mit der Bürgerinitiative und dem später zu gründenden Verein an.

**Arbeit an der Basis**

Mein erster praktischer Einsatz am See ist am Sonntag, den 28.02.2010. Wir parken unser Auto auf dem Parkplatz und müssen von dort mit all unseren Sachen an den See gelangen. Dieser Weg vom Parkplatz zum Standort des früheren Kiosks ist beschwerlich. Zuerst hatten wir nämlich nur eine kleine, rollende, rechteckige Plattform mit einem Griff zum ziehen. Dieser Griff ist aber leider nicht in Armhöhe, so dass man ihn bequem ziehen könnte, nein, er ist so niedrig, dass wir uns bücken müssen beim Ziehen. Auf dieser Plattform transportieren wir die Kaffeekannen und den Kuchen. Sind wir ein Stück mit diesem Gefährt gegangen, so rutscht alles leicht nach vorne und muss wieder zurecht geschoben werden. Das erfordert einige Anstrengungen, so dass man meistens in einer gebückten Haltung zieht um rutschende Teile sofort aufzufangen. Bei dieser mühsamen Angelegenheit wird der Weg bis zum Einsatzort zur Qual.

Aber dieses Gefährt ist aus Rosalies Bestand und stellt schon eine Bereicherung dar. Zuvor musste nämlich alles in der Hand oder im Rucksack zum See geschafft werden. Ich arbeite mit Rosalie. Wir geben Kaffee, Tee und Kuchen auf Spendenbasis an die Leute. Es ist eisig kalt und stürmt. Die Stimmung am Weiher ist trotzdem gelöst und fröhlich. Nach 2 Stunden sind wir eingefroren und auch die Spaziergänger haben keine Lust mehr auf Kaffee und Kuchen. In meinem Tagebuch finde ich den Eintrag: „Am Abend treffen wir uns „Op dr Eck" und besprechen die Satzung unseres neu zu gründenden Vereins."

Eine Woche später, am Sonntag, den 07.03.2010 war inzwischen mehr los bei unseren Einsätzen. Außerdem hat uns Günter einen großen Bollerwagen gebaut mit einem Schild „Notbüdchen" (Fotos S.14). Nun ist der Transport im Vergleich zu vorher „luxuriös". Dieses Gefährt passt in Ulrikes großes Auto. Ab jetzt bringt Ulrike den Bollerwagen zur verabredeten Zeit zum Parkplatz. Die Person, die jeweils Dienst hat braucht den Wagen dort nur in Empfang zu nehmen. Die warmen Getränke werden zu Hause zubereitet und in Thermokannen gefüllt. So wird das Notbüdchen mit Getränken und Kuchen bestückt und vom Parkplatz aus zum ehemaligen Pachtgelände gezogen. Es hat sich bei den Spaziergängern herumgesprochen, dass wir mit unserem Bollerwagen vor Ort sind. Um 13.30 Uhr hole ich alle Kannen mit Kaffee und Glühwein bei Rosalie ab und treffe mich mit Ulrike auf dem Parkplatz um den Bollerwagen in Empfang zu nehmen. Leicht ist es immer noch nicht zu unserer Stelle am See zu rollen. Es geht am besten zu Zweit. Heute sind viele Menschen dort. Wir verteilen Flyer, informieren über den Stand der Dinge, lassen unsere Unterschriftenlisten rum gehen. Die Menschen sind froh, dass wir hier sind und uns für den Platz einsetzen. Sie wollen uns unterstützen. Der Text unserer Unterschriftenliste lautet wie folgt:

*„Für den Erhalt des Kalscheurer Weiher in Zollstock wie er war!*
*<u>An die Bezirksvertreter in Rodenkirchen und an OB Roters</u>*

*Wir, die Unterzeichner sind empört über die Vorgänge am Kalscheurer Weiher!*
*Wir sind empört über die willkürliche Kündigung der Pacht für Kiosk und Tretbootverleih von Andrea Bruce. Wir sind befremdet über das Ansinnen der Stadt Köln, am Kalscheurer Weiher „aufzuräumen". Wir wollen, dass die Bezirksvertretung zusammen mit den Bürgern die Situation am Kalscheurer Weiher wieder in die Hand nimmt. Wir sind empört über den teuren Unsinn, den die Kölner Grün Stiftung rund um den Weiher veranstaltet.*

*Wir wollen den Zustand, wie er vor der Kündigung von Andrea Bruce war, wieder zurück haben. Wir wollen, dass der zukünftige Pächter finanziell so sozialverträglich kalkulieren kann, wie Frau Bruce das konnte. Wir werden keine Entscheidung gegen die Interessen der Bürger dulden!*
*Unterschriftenlisten können am Notbüdchen abgegeben werden oder an die folgende Adresse geschickt werden:"*

So kommen an die 850 Unterschriften im Laufe der Zeit zusammen.

**Transport Notbüdchen**

**Einsatz Notbüdchen Ulrike und Ottmar**

# Rettet den Lido!

## Bürgerinitiative Kalscheurer Weiher

*„Büdchen und Boote am Kalscheurer Weiher sind weg! Pächterin gemobbt vom Grünflächenamt! Wem gehört der Kalscheurer Weiher? Wem gehört der Grüngürtel?" Den Adenauer-Enkeln oder den Bürgern?*
*(Siehe Anhang 1 Flugblatt von NABIS von Februar/März 2010).*

Nabis mit Ottmar Lattorf und die Bürgerinitiative Kalscheurer Weiher rufen zur Bürgerversammlung im März 2010 auf.

Ich merke, dass mir der Ton des Flugblatts zu schroff ist. Ich möchte versuchen, Veränderungen friedlich herbeizuführen. Am liebsten mit den Mitteln der achtsamen Rede. Vorbilder sind für mich die Gewaltfreie Kommunikation nach Marshall B. Rosenberg[1] und die Achtsamkeitspraxis wie Thich Nhat Hanh sie lehrt. Wir müssen einen Weg finden Konflikte friedlich zu lösen! Wir müssen Dinge offen ansprechen und beide Seiten anhören um dann eine Lösung zu finden! Das setzt allerdings voraus, dass ich selber im Frieden bin[2]. Dann ist es möglich, dass sich dieser Friede überträgt und das hat Auswirkungen auf unser gesamtes Umfeld. Jeder kann im Kleinen damit beginnen es zu verwirklichen. Ja, vielleicht ist es schwer umzusetzen, aber ich glaube daran, dass es möglich ist. Für mich wird es schon dadurch möglich wenn ich versuche es in meiner eigenen Familie, Nachbarschaft oder

---

[1] Gewaltfreie Kommunikation, Marshal B. Rosenberg
[2] Innerer Friede äußerer Friede, Thich Nhat Hanh

hier in der Bürgerinitiative zu leben. Engagierter Buddhismus nennt Thich Nhat Hanh es, sich dort einsetzen wo man lebt unter Beachtung der Achtsamkeitsregeln[3]. Ich bin mit verantwortlich für mein näheres Umfeld in dem ich lebe.

Meine erste Aufgabe: Flugblätter verteilen mit der Einladung zur Bürgerversammlung am Mittwoch, den 24.03.2010. Es ist eine interessante Erfahrung, lang, lang ist's her. Als Heranwachsende habe ich Flugblätter verteilt für meinen Vater, als er in der Deutschen Friedensunion (DFU) engagiert war. Ich verteile in der Türnicher Straße in Zollstock. Es gibt interessante Gespräche am Rande. Oft ist es gar nicht so einfach in die Häuser zu gelangen, da die meisten Briefkästen innen sind und die Türen nicht geöffnet werden. Dann bekomme ich mit, dass die Postbotin einen Schlüssel von den Häusern hat und beim nächsten Mal hefte ich mich an ihre Fersen. Sie hat nichts dagegen, dass ich, während sie ihre Post verteilt, meine Flugblätter einwerfe. Sie ist dermaßen schnell, dass ich ins Schwitzen komme um mitzuhalten. Wenn ich mich nicht ihrem Rhythmus anpasse ist sie schon im nächsten Haus bevor ich fertig bin und ich komme wieder nicht rein. Oh je, aber es macht Spaß!

Dann habe ich in einem der Hochhäuser ein interessantes Gespräch mit einem Herrn. Er ist nicht dafür, dass ich mein Flugblatt in seinen Briefkasten werfe. Auch ihm gefällt der Ton in den Flugblättern nicht. Wir unterhalten uns und ich sage ihm, warum ich mich am Kalscheurer Weiher engagiere. Als ich ihn zur Bürgerversammlung einlade stellt sich heraus, dass er zur Bezirksvertretung

---

[3]Siehe www.eiab.eu und www.institut-achtsame-kommunikation.de

Rodenkirchen gehört. Wir tauschen E-Mail Adressen aus. Es war ein sehr angenehmes Gespräch und genau in dem Moment hatte ich das Gefühl, dass wir uns verstanden haben. Ich verstand seine Bedenken gegen unsere Flugblätter und er konnte verstehen, warum ich mich dort engagiere. Ein guter Anfang, jedenfalls für mich.

**Die Vereinsgründung**

Inzwischen ist es März geworden und am 7. März 2010 beschließen wir in einer Sitzung, dass der Verein Unser Kalscheurer Weiher e.V. gegründet wird. Funktion und Zweck des Vereins ist es, das ökologische Gleichgewicht am Kalscheurer Weiher zu verbessern. Die Wasserqualität zur Erhaltung der Vogel-, Fisch- und Pflanzenwelt zu prüfen und auftretende Missstände an die dafür zuständigen Stellen zur Abhilfe zu melden. Außerdem soll die Kahnstation erhalten bleiben und ein neues Büdchen als sozialer und kultureller Treff wieder eingerichtet werden. Die Präambel enthält 4 Punkte. Während wir die formellen Dinge auf den Weg bringen, wie z.B. die Erstellung einer Satzung, die Eintragung ins Vereinsregister, die Beantragung der Gemeinnützigkeit etc., findet am 24. März 2010 ein Ereignis statt, das unsere Struktur verändern wird.

**Die Bürgerversammlung**

Aufruf zur Bürgerversammlung am 24.03.2010, 19.30 Uhr in der Melanchthonkirche in Köln Zollstock.
Wir wollen Licht ins Dunkel bringen, warum der Vorpächterin Andrea Bruce gekündigt wurde. Gab es einen Zusammenhang zwischen der Geldgabe der Grün Stiftung und der Kündigung des Pachtvertrages? Für den Anwalt von Frau Bruce steht dies außer Zweifel. Für uns werden an dem Abend der Bürgerversammlung, jedenfalls was Frau Bruce anbelangt, keine neuen Erkenntnisse dazu kommen.

Viel Organisation und Einsatz der einzelnen Menschen aus der Bürgerinitiative waren erforderlich um diese Versammlung so erfolgreich zu machen. Die Erfahrungen und das Durchsetzungsvermögen von Ottmar Lattorf haben wesentlich dazu beigetragen, diese Versammlung durchzuführen. Aber nach dieser Bürgerversammlung ist auch klar, dass sich die Vorstellungen eines Teils der Bewegung nicht mit denen des sich neu gegründeten Vereins „Unser Kalscheurer Weiher e.V." decken. So war auch die Darstellung der Ereignisse des 24.03.2010 unterschiedlich. Meine lautet wie folgt:

250 Menschen kamen nach und nach in den Saal der Melanchthon-Kirche und meine Sorge, dass wir zu wenig Flugblätter im Laufe der Wochen verteilt hatten und nicht genug Gehör bei den Bürgern in Zollstock finden konnten, zerschlug sich. All die eingeladenen Politiker waren nicht gekommen, was wir jedoch im Vorfeld schon wussten. Eigentlich war geplant, dass Mitglieder der Bürgerinitiative mit nach vorne kommen und von ihren Erfah-

rungen vom Kalscheurer Weiher und ihrem Engagement um den Weiher berichten sollten. Dazu kam es jedoch nicht. Ich saß im Publikum und konnte die Stimmung der Menschen gut mitbekommen. Ich habe mich gefreut, dass so viele unterschiedliche Menschen dort waren. Es waren Menschen aus allen Schichten, so bunt und lebendig wie Zollstock. Geeint durch den gemeinsamen Wunsch, diesen wunderbaren Platz in der Natur zu erhalten. Mögen auch die Motive und Interessen verschiedener Art sein, das Ziel blieb das Gleiche. Egal ob es sich um Spaziergänger, Jogger, Radfahrer, Hundebesitzer oder Eltern mit Kindern handelt, die mit den Kleinen gerne Bötchen fahren, sie alle lieben und nutzen dieses Naherholungsgebiet. Viele dieser Menschen sind nicht in erster Linie hier her gekommen um an einer politischen Stimmungsmache teilzunehmen. Es geht ihnen vielmehr darum, zu erfahren wie es weitergehen soll und wo sie sich selbst einbringen können. Viele sind einfach nur gekommen um ihrem Frust über diese Kündigung Ausdruck zu verleihen. So saß neben mir ein Mann im Rollstuhl, dem die Ausführungen des Anwaltes von Frau Bruce zu lang und unverständlich waren. „Was redet der da eigentlich, der soll mal was vom Lido sagen, wie geht es jetzt weiter?", wandte er sich Hilfe suchend an die Anwesenden. Der Ton des Rechtsanwalts ist anklagend und beschuldigend, sofort schaltet die Gegenseite auf stur. Dementsprechend will Frau Süsser vom Kölner Stadt-Anzeiger am liebsten gleich wieder den Saal verlassen, nachdem sie der einseitigen Berichterstattung beschuldigt wurde. Wer möchte sich schon so schroff anmachen lassen? Nachdem bereits einige Besucher gegangen waren und die Unruhe im Saal ziemlich groß wurde, weil die Menschen Fragen stellen wollten und nicht zu Wort kamen, ergriff Ulrike Bojahr, die Vorsitzende des Vereins Unser Kalscheurer Weiher e.V. das Wort. Sie hatte sich mit anderen seit Januar in der Bürgerinitiative engagiert und traf mit dem was sie sagte den Kern der Sache und in die Herzen der Zollstocker Bürger. Endlich konnten sie Fragen stellen und Antworten erhalten, endlich wurde ihnen aufgezeigt wo auch sie sich praktisch einbringen können und was für die Zukunft geplant ist um diesen Platz in der Natur zu erhalten.

Seit Wochen warteten wir schon auf die Ausschreibung der Stadt um die Bewerbung zur Pacht der Kahnstation und eines Kiosk. Leider war diese Ausschreibung nirgends zu erhalten. Aber ausgerechnet an dem Tag der Bürgerversammlung am 24. März 2010 veröffentlich der Kölner Stadtanzeiger: *„Neuer Pachtvertrag am Kalscheurer Weiher"*, als wolle man den Bürgern den Wind aus den Segeln nehmen.

Als Ergebnis der Bürgerversammlung wird folgender Auftrag an die Bezirksvertretung erteilt:

*„Die BV 2 hat dafür Sorge zu tragen, dass die Ordnungsbehörden ein provisorisches Notbüdchen am Kalscheurer Weiher akzeptieren. Die Bürger wollen bis zur Ausschreibung der Pacht und zur Realisierung des neuen Kiosks- und Kahnstation selbstständig ein provisorisches Büdchen vor Ort betreiben.*
*Desweiteren ist geplant, dass der Weiher vermehrt für bestimmte Treffen und Feiern, Theater, Musik, Happenings genutzt wird."*

Wir erhalten die Genehmigung für eine Übergangslösung am See

So berichtet der Wochenspiegel am 5. Mai 2010 folgendes:

*„Weiher soll auch im Sommer genutzt werden
Bezirksvertretung verlangt unbürokratische Übergangslösung.
Zollstock (sb). Die Bezirksvertretung Rodenkirchen fordert die Stadtverwaltung auf, unbürokratisch einen provisorischen Bootsverleih möglichst mit Kioskbetrieb für die diesjährige Saison am Kalscheurer Weiher zu ermöglichen. So soll sichergestellt werden, dass die Bürger den Weiher als Ort zum Erholen auch in der Zeit nutzen können, bis ein neuer Pächter für die Kahnstation gefunden ist. Hierzu gab es einen Antrag der CDU und einen der Grünen, der SPD und der Linken. Die Fraktionen haben sich auf einen gemeinsamen Antrag geeinigt. Seit vielen Jahren ist der Kalscheurer Weiher ein beliebter Platz, an dem die Bürger Sonne, Luft und den Blick aufs Wasser genießen können. Vor allem die ungezwungene Atmosphäre und die moderaten Preise am Kiosk schätzen sie. Bis Ende des letzten Jahres konnten sie sich hier Kaffee, Bier oder Eis holen, sich unterhalten oder in Ruhe entspannen. Auch viele Hundefreunde kamen, können die Vierbeiner doch so schön auf den umliegenden Wiesen toben. Der Kalscheurer Weiher hat viele Stammgäste – nicht nur Zollstocker.
Seit Anfang des Jahres sieht es dort aber ganz anders aus. Keine Boote, keine Stühle, keine Tische und kein Kiosk. Kahnstation und Kiosk mussten auf Anweisung der Stadtverwaltung verschwinden. Der Grund: Der Vertrag mit der langjährigen Pächterin war zum Ende 2009 gekündigt worden. Die Freunde des Weihers hatten dagegen protestiert – erfolglos. Seit Januar organisieren sie*

*am Wochenende ein Notbüdchen in Eigenregie, um nicht ganz auf ihren beliebten Treffpunkt zu verzichten. Die Weiher-Liebhaber befürchten, dass zukünftig hier vielleicht eine schicke und teure Einrichtung entstehen und das bisherige zwanglose Ambiente dadurch verloren gehen könnte. Sie haben im März einen Verein gegründet, um das zu verhindern.*
*Mittlerweile hat die Stadt die Pacht für die Kahnstation am Kalscheurer Weiher ausgeschrieben. Da aber der Sommer darüber vergehen kann, bis die Pacht vergeben und die Kahnstation wieder geöffnet wird, soll die Stadtverwaltung rasch eine provisorische Lösung für die Saison 2010 ermöglichen. Schließlich sollen die Bürger auch in diesem Sommer etwas von dem Weiher haben."*
(Wochenspiegel vom 05.05.2010)

Dieser Artikel fasst besonders gut die Ereignisse der letzten Wochen und Monate zusammen.
Ende April 2010 hatte die Bezirksvertretung die Stadtverwaltung aufgefordert, einen provisorischen Bootsverleih mit Kiosk für dieses Jahr zu ermöglichen.
Der Verein wendet sich an die Stadt um die Erlaubnis zu bekommen. Einen Monat später stimmt die Stadtverwaltung zu.
Und so gleiten wir ganz allmählich in die Veranstaltungen unseres ersten Sommers am Weiher hinein.

Am 26. Mai 2010 berichtet der Kölner Wochenspiegel:
*„Naturromantik am Weiher*
*Maifeier am Kalscheurer Weiher lockte Besucher an*
*Zollstock (sb). Das brennende Holz prasselte und knackte, Würstchen und Steaks auf dem Grill dufteten, die Sonne ging leicht rot über dem Wasser unter, Schwäne bade-*

ten in der Dämmerung – richtige Naturromantik herrschte bei der Feier zum ersten Mai am Kalscheurer Weiher. .....“

## Es kann los gehen!

**Ein Bauwagen wird zum Notbüdchen**

Als uns die Stadt die Genehmigung erteilt in diesem Sommer auf unkonventionelle Art ein Notbüdchen zu betreiben ist klar, dass der Verkauf vom Bollerwagen aus nicht weitergehen kann.
Wir bekommen aus der Indianersiedlung einen alten Bauwagen zur Verfügung gestellt, der in aufwendiger Weise restauriert wird. Dieses Vorhaben ist sehr arbeitsintensiv, der Erfolg danach kann sich sehen lassen (s. Fotos S. 25). Wunderbar macht sich der rot lackierte Bauwagen mit Verkaufsklappe am Weiher. Nun lässt sich besser arbeiten und die Schlepperei mit den Kaffee-, Tee- und Glühweinkannen hat endlich ein Ende. Im Wagen sind zwei Gaskocher installiert und wir können vor Ort warme Getränke zubereiten. Am Anfang macht es mir jedoch keinen Spaß im Wagen zu arbeiten. Denn inzwischen ist wunderbares Wetter und die Sonne scheint. Beim Ausgeben der Getränke am Bollerwagen konnte ich in der Sonne stehen und die Natur genießen. Nun im schattigen Wagen, der zudem etwas abseits steht, ist es immer sehr kühl. Aber im Laufe der Zeit gewöhne ich mich daran.
Im Juni 2010 kauft der Verein einige Boote aus dem alten Bestand zurück, damit in diesem Sommer überhaupt wieder Boote auf dem See fahren können. Insofern wird sichergestellt, dass ein provisorischer Bootsverleih und Kioskbetrieb stattfinden kann. Des weiteren müssen na-

türlich auch Tische und Stühle besorgt werden, da Andrea und Siggi alles entfernen mussten. Wir fangen also wieder bei NULL an. Alles muss von uns neu angeschafft werden, was die Vorbesitzer
vorher entfernen mussten. Es ist schon bizarr sich das in allen Einzelheiten vorzustellen.

Ein Bauwagen wird zum Notbüdchen

## Neben aller Arbeit beleben 2 Highlights den Sommer:

### Musikveranstaltung

Am 12. Juni 2010 besuchen die Talking Horns unser Notbüdchen. An diesem Tag ist schlechtes Wetter, aber wir lassen uns davon nicht beeinflussen. Wir treffen uns am See um ein Zelt aufzubauen damit die Musiker bei Regen geschützt sind. Es ist immer wieder eine Freude zu sehen, wie gut wir mittlerweile am See improvisieren können. Ohne Strom und ohne irgendwelche technischen Hilfsmittel doch etwas zustande bringen. Die Talking Horns machen eine Musik die mich begeistert. Sie erzählen mit ihren Instrumenten höchst unterhaltsame Geschichten aus der Vergangenheit, der Gegenwart und der Zukunft. Kopf und Bauch werden gleichermaßen bedient. An diesem Tag begleitet sie ein afrikanischer Musiker aus dem Senegal. Trotz des regnerischen Wetters kommen einige Leute zum See. Ich merke wieder einmal, wie sehr ich diese Stelle in der Natur bei jedem Wetter liebe. Es ist für mich eine Freude die Natur und die gute Musik zu genießen.
*„Wie schön, dass es für gute Musik kein Verfallsdatum gibt"* (web: talkinghorns.de).

Meine Tagebucheintragung vom 12. Juni 10 lautet: Einen ganz wunderbaren Nachmittag am See verbracht!

### Theaterveranstaltung

Am Tag der Bürgerversammlung hatte Theaterpädagogin Charlott Dahmen vom Verein „intakt" noch ihrer Enttäu-

schung Ausdruck verliehen, dass sich nun auch ihr lang vorbereitetes Theaterprojekt für Juni 2010 am Kalscheurer Weiher, (Aufführung zum Thema Flucht und Migration) erübrige. Denn die bislang durch die Stadt zugesagte Unterstützung war damals vom Grünflächenamt zurückgenommen worden. Man wollte keine weiteren Unruhen heraufbeschwören. Nun wurde, nachdem Entspannung eingetreten war, die Veranstaltung „Seegang ins Ungewisse" eine Theateraufführung im Rahmen des Sommerblut-Festivals doch noch genehmigt und durchgeführt.
Mehrere Wochen haben die jungen Theaterspieler unter Leitung von Charlott Dahmen zusammen geprobt. Einige Proben haben bei uns am Weiher stattgefunden. Es hat uns viel Freude gemacht ihnen zuzusehen und indirekt an dieser Aufführung beteiligt zu sein. Auch wir sind im Aufbruch und wollen etwas Neues entstehen lassen mit unserem Einsatz am Weiher. Es gefällt uns gut, dass durch diese interessante Aufführung der See positiv belebt wird.

Die Premiere der Veranstaltung ist auf den 19. Juni 2010 festgesetzt. Die Dauer der Performance wird ca. 120 Minuten zu Fuß und mit dem Boot sein. Die Kulisse des Weihers war wunderbar geeignet für dieses Stück, in dessen Zentrum die Flucht afrikanischer Menschen, die zu Tausenden ihre Heimat verlassen, steht. Um eine möglichst realistische Situation zu erschaffen, sollen die Darsteller und auch das Publikum auf Booten während der Aufführung die Uferseite wechseln. Am Samstag, den 19. Juni 2010 ist es endlich so weit. Auch wir haben uns gut auf diesen Tag vorbereitet. Rosalie hat viele Brezeln gebacken. Diese liegen mit Tüchern abgedeckt in einem großen Korb. Der Sekt ist mit Crushed Eis kalt gestellt.

Zuerst befinden wir uns noch im Notbüdchen und haben nicht viel zu tun. Nur zwischendurch, als die Schauspieler mit den Besuchern bei ihrem Rundgang um den See vor unserem Kiosk erscheinen, ist unser Einsatz gefragt.

Eine Szene spielt unmittelbar bei uns am Weiher. Ein junger Schauspieler spielt einen buddhistischen Mönch. Er ist mit seiner Mönchsrobe ins Wasser gegangen und spielt von dort aus seine Rolle. Das Publikum auf den Booten und vom Land aus hört ihm gebannt zu. Tagsüber bei der Probe hat uns dieser junge Mann besonders gedankt, da wir all die abgestorbenen Algen aus dem See geholt haben. Er war froh, am Abend in „klares" Wasser steigen zu können. Dann ziehen Schauspieler und Publikum weiter. Unsere Aufgabe ist es, am Ende der Aufführung an das Premierenpublikum Sekt und Brezeln auszugeben. Dies ist etwas schwierig, denn die Stelle, wo sich die Veranstaltung auflöst, ist nicht unmittelbar in der Nähe unseres Notbüdchens.

Wir haben zu zweit einen Tisch an die Stelle gebracht, wo die Veranstaltung zu Ende ist. An diese Stelle fahren wir dann mit einer Schubkarre mit den kalten Getränken. Uns werden der eiskalte Sekt und die warmen Brezeln regelrecht aus den Händen gerissen. Die meisten Menschen hatten nicht damit gerechnet, dass sie, sozusagen im Wald, mit solch einer guten Bewirtung rechnen konnten. Als der Sekt aufgebraucht ist, müssen wir mehrmals mit der Schubkarre zum Notbüdchen, um Bier und andere kalte Getränke zu holen. An diesem Abend sind wir restlos ausverkauft!

Die Premiere dieser Veranstaltung ist ein voller Erfolg. Und auch die folgenden Veranstaltungen waren immer ausgebucht. Der Verein übernimmt mittlerweile vom

Bauwagen aus die Bewirtung der Darsteller und des Publikums. Alle sind zufrieden! (s. Foto S.30 oben)

**Das neue Notbüdchen**

**Natur am Kalscheurer Weiher**

# Natur- und Landschaftsschutz

## Aufgaben des Vereins

Mittlerweile ist es heiß geworden in Köln und wir sorgen uns um die Wasserqualität. Es gibt unendlich viele Algen. Die Mitglieder des Vereins haben es sich zur Aufgabe gemacht die abgestorbenen Algen aus dem See zu holen. Zwischendurch rufen wir immer wieder bei der Stadt an, damit die Mengen der Algen abtransportiert werden, denn der Geruch ist mehr als gewöhnungsbedürftig. Es ist der Kampf gegen die Windmühlenflügel! Wenn wir an einem Tag glauben, der See ist klar und sauber, so wird am anderen Tag wieder alles vom Ende des Sees zu uns geschwemmt und wir fangen von vorne an. Aber trotzdem gelingt es uns nach einiger Zeit den See sauber zu halten und wir sorgen regelmäßig dafür, dass die Wasserqualität überprüft wird. Da wir die Pflege übernommen haben sind wir vom Finanzamt Köln-Süd als gemeinnützig i.S. des Natur- und Landschaftsschutzes anerkannt worden. Immer wieder ist es nötig und wichtig mit den Besuchern des Sees zu sprechen und darauf aufmerksam zu machen, dass es sich hier beim Kalscheurer Weiher und dem umliegenden Gelände um ein Landschaftsschutzgebiet handelt. Außerdem müssen wir feststellen, dass die „Füttern verboten" Schilder nicht wirklich verstanden werden. Ältere Menschen und Familien mit Kindern verstehen es oft als Einschränkung ihrer Freiheit und als übertrieben wenn sie das mitgebrachte Brot nicht an die Enten und Schwäne geben dürfen. Oft kommt das Argument, „aber ich werfe das Brot doch nicht ins Wasser, ich lege es nur auf die Wiese". Wir müssen uns immer wieder die Zeit nehmen und z.B. einer

Mutter, deren Kind einfach Spaß beim Füttern hat, ausgiebig zu erklären, dass es tatsächlich die Ausscheidungen der Tiere sind, die das Wasser umkippen lassen. „Füttern tötet", ja, so deutlich muss man es leider freundlich sagen, damit es nicht einfach nur als eine Schikane unsererseits gesehen wird.

Zum Weiteren soll aber auch bei Kindern und Jugendlichen ein Bewusstsein für die Natur geschaffen werden. Das wird in einer Zusammenarbeit mit Kindergärten und Schulen der anliegenden Stadtteile seinen Niederschlag finden. So haben wir z.B. im Sommer 2010 im Rahmen unseres Sommerfestes für die Kinder und Jugendlichen eine Rallye um den See organisiert, wo die Teilnehmer Pflanzen und Vogelarten bestimmen konnten. In diesem Zusammenhang haben wir Anfragen von Lehrer/innen uns mit ihren Schulklassen zu besuchen. Zwischenzeitlich hat sich eines unserer ehrenamtlichen Helfer mit einer Erlebnispädagogin am See getroffen und ein Konzept ausgearbeitet wie wir den Kindern und Jugendlichen die Natur wieder näher bringen können. Dies ist ein sehr spannendes Projekt um junge Menschen vom Internet und von PC-Spielen weg und in die Natur zu holen. Die Natur sozusagen mit allen Sinnen zu erleben.

Da der Kalscheurer Weiher im linksrheinischen Grüngürtel liegt, bin ich jedes Mal wieder begeistert wie nah dieser Platz in der Natur für Stadtmenschen zu Fuß oder mit dem Rad zu erreichen ist. So wird der Weiher auch von Wanderern gerne angesteuert und zum Rasten genutzt. Beliebt ist er besonders wegen seiner Natürlichkeit. Eine der 12 Strecken des Köln Pfades geht hier am Weiher vorbei. Leider gibt es das schöne, urige Büdchen von

Andrea Bruce, wie es noch im Köln Pfad Buch[4] abgebildet ist, nun nicht mehr. Aber wir hoffen, mit unserem neuen Büdchen einen ebenbürtigen Ort zu schaffen. Zu erwähnen ist, dass aufgrund der Lage in einem Landschaftsschutzgebiet es nicht möglich ist, hier kommerziell zum Beispiel eine Gaststätte zu betreiben. Daher soll die Kahnstation mit angeschlossenem Kiosk unkonventioneller Treffpunkt für Erholung Suchende sein, die nahe der Stadt die Natur genießen wollen.

**Erteilung der Pacht und Feier dieses Ereignisses**

Im Juli 2010 bittet die Stadt die Bezirksvertretung per Eilantrag der Vergabe der Pacht an uns zuzustimmen. Bürgermeister Petschel und Frau Roß-Belker unterschreiben diesen Antrag. Am 6. September 2010 stimmt die Bezirksverwaltung der Pachtvergabe an den Verein zu *(Anm. es sollte jedoch noch ein ½ Jahr dauern bis der Pachtvertrag am 27.1.2011 uns endgültig in unterschriebener Form vorlag!)* Viele Gespräche hat unsere Vereinsvorsitzende Ulrike Bojahr in der Zwischenzeit mit den einzelnen Behörden führen müssen. Und auch die ehrenamtlichen Helfer vor Ort am Kiosk haben viele Gespräche mit den Besuchern des Weihers führen müssen. Denn zwischendurch wurden immer wieder Stimmen laut, die nicht daran glaubten, dass der Verein letztendlich erfolgreich sein würde. Nun aber ist klar, es hat sich gelohnt sich zu engagieren. Wie geht es nun weiter? Es gibt viel zu tun. In einem Rundschreiben laden wir alle Interessierten zu einer Feier mit Live Musik am 26.9.2010 an den Weiher ein. Wir freuen uns sehr, dass wir nun die Chance haben, einen neuen Kiosk nach unse-

---
[4] KÖLNPFAD, Steffi Machnik, Manuel Andrack

ren Vorstellungen aufzubauen. Die Stadtverwaltung hat uns versprochen, zügig den Vertragsentwurf zu erarbeiten, damit wir konkret loslegen können. Wir hoffen, dass sich die Stadt weiterhin kooperativ zeigt. Da das gesamte Büdchen neu aufgebaut werden muss, soll die Chance genutzt werden, eine den Bedürfnissen der Besucher und der Ökologie genügenden Lösung der verschiedensten Probleme zu finden.

Es stellen sich die folgenden Fragen:
- ➢ Wie wird eine günstige und möglichst dauerhafte Lösung für das Abwasser gefunden?
- ➢ Wie soll der Untergrund für den Kioskbereich gebaut werden?
- ➢ Wie soll die Stromversorgung gewährleistet werden?
- ➢ Wie soll der Aufenthaltsbereich für die Besucher gestaltet werden?

Wir fordern die Besucher/Bürger auf sich an der Diskussion zu beteiligen und Ihre Bedürfnisse und Vorschläge mit einzubringen. Auch die Frage der Finanzierung muss erörtert werden.

Wir sind bisher eine kleine Gruppe, die versucht die verschiedenen Aufgaben einschließlich des Betriebs des Büdchens und der Kahnstation zu bewältigen. Unsere Arbeit macht uns viel Spaß, wir brauchen aber noch viel mehr Hilfe – große und kleine. Jeder Beitrag hilft uns.

Und dann kommt der 26. September 2010, der Tag unserer Einladung an den Weiher um mit unseren Gästen den Zuschlag für die Pacht zu feiern.

Es gibt Dinge, die kann man nicht planen, sie kommen einfach auf dich zu ohne, dass du vorher darüber nachgedacht hast. Vor jeder Veranstaltung, wenn ich Panik bekomme – haben wir auch an alles gedacht, haben wir für alles gesorgt, ist genug eingekauft worden, wird das Wetter gut etc. – entspanne ich mich und lasse mich treiben. Ich lasse mich auf das Abenteuer mit all seinen kleinen und großen Ereignissen und Geschichten ein.

Rosalie hat in der Regel die Hauptarbeit mit Backen, Einkaufen und Organisieren; bei ihr laufen alle Fäden zusammen. Ich weiß nicht wie sie das macht. Sie ist Bäckerei und Telefonzentrale in einem. Zwischendurch organisiert sie auch noch den Kutschenbetrieb ihres Mannes. Eigentlich müsste sie 4 Ohren haben bei all den Dingen die sie telefonisch gleichzeitig koordiniert. Selbst wenn sie mal bei ihrem Sohn in Hamburg ist wird sie von uns angerufen um uns aus der Ferne zu helfen, wenn die Tür des Bauwagens nicht auf geht, eine Kaffeekanne oder ein Schlüssel nicht gefunden wird. Es ist einfach tröstlich mit ihr zu sprechen. Sie ist die Seele des Büdchens und immer zur Stelle. Oft schon am frühen Morgen fällt ihr ein, dass sie noch schnell zwei Bleche Kuchen backen könnte. Und ihre Kuchen sind so lecker, dass die Besucher am liebsten noch ein Stück mit nach Hause nehmen möchten. Das ist allerdings nicht möglich. Auch hier brauchen wir dringend Hilfe, weil wir auch in Zukunft selbst gebackenen Kuchen anbieten möchten. Rosi kann auf Dauer den Kuchenbedarf nicht alleine decken.

In meinem Tagebuch vom 26. September 2010 finde ich den folgenden Eintrag:

„Um 15.30 Uhr fängt das Fest an und genau in dem Moment beginnt es zu schütten wie aus Eimern. 45 Min. bis 1 Stunde Dauerregen, sehr schade fürs Kinderprogramm. Aber irgendwie läuft trotzdem alles. Ernst hat Rotwein im Fass von seinem Frankreichurlaub mitgebracht und der tut uns allen gut. Unser gut ausgearbeitetes Rallye-Programm wird nur von drei Kindern wahrgenommen. Aber die drei haben echt Spaß und freuen sich über ihren Gewinn, Gutscheine um Bötchen zu fahren. Auch Brigitte, die in einem Waldkindergarten arbeitet hat Spaß mit den Kindern was zu machen. Irgendwann finde ich mich am Würstchenstand mit Mustafa wieder und wir grillen und versorgen die Gäste, denn inzwischen hat der Regen aufgehört. Am Abend kommt Ottmar vorbei, den ich hier schon lange nicht mehr gesehen habe, und wir machen die Feuerstellen an. Es ist einfach eine gute Stimmung zwischen uns allen. Ich genieße es mit anderen recht spät im Stockdunkeln durch die Wiesen nach Hause zu gehen. Die Luft ist so angenehm frisch und kühl in dieser Nacht."

Am anderen Tag treffen wir uns gleich wieder am See um aufzuräumen und auch an diesem Tag ist Dauerregen angesagt. Das Zelt muss abgebaut werden, weil wir es zurückgeben müssen. Aber Ernst hat Baguette, Käse und Rotwein mitgebracht und so geht die Arbeit recht gut von der Hand.

Auf unserer Einladung zum Fest vom 26. September waren wir noch so optimistisch und haben als Termin für die geplante Neueröffnung des neuen Büdchens April 2011 angegeben. Dieser Zeitpunkt sollte sich später als absolut unrealistisch herausstellen.

**Es wird Herbst und unser erstes Jahr geht langsam zur Neige**

In den Herbstferien vom 11.10.-23.10.2010 haben wir noch mal jeden Tag geöffnet, auch wenn das Wetter nicht so gut ist. Aber in den Schulferien sind doch vermehrt Menschen am Weiher.

Das letzte größere Ereignis des Jahres ist die St. Martin Feier am 14.11.2010 (Foto S.39 oben). Ab 15:30 Uhr treffen sich Groß und Klein am Weiher; *„wir wollen den Weiher zum Leuchten und Swingen bringen."* Dieser Sonntagnachmittag war eine wunderbare Gelegenheit sich noch einmal um den Weiher zu treffen bevor unser erstes Jahr am Weiher langsam zu Ende geht.

Ab Mitte Dezember bricht der Winter aus. Köln verwandelt sich in eine Winterlandschaft. Die Natur am Weiher sieht wunderschön aus. Ich bin oft erstaunt, wenn ich mittags am Büdchen ankomme, dass die Gäste schon Schlange stehen um Glühwein zu bekommen. Es ist, als sei es den Besuchern auf dem Weihnachtsmarkt zu voll und zu anstrengend. So gehen sie lieber in der Abgeschiedenheit von Zollstock in der Natur ihren Glühwein trinken. Mir gefällt die Atmosphäre am Weiher besonders gut. Es ist ein Traum diese Schneelandschaft zu sehen. Schön ist es, dass wir inzwischen einen Gasofen zum Heizen haben und nicht in der Kälte arbeiten müssen. Das ist der absolute Luxus für die ehrenamtlichen Helfer am Notbüdchen. An manchen Tagen, können wir nicht nachkommen mit dem Aufschütten von Kaffee, Glühwein, Kinderpunch, Kakao und Tee. Immer wieder Wasser kochen und Getränke erwärmen, und das alles auf zwei Gaskochern, geht an die Grenzen der Kapazität unseres Notbüdchens. Wenn wir dann auch noch alleine sind, ist es eigentlich nicht zu schaffen. Immer wieder ist es ein Segen wenn Rolf oder Volker in der Nähe sind um gerade mal wieder eine Gasflasche auszutauschen wenn diese leer geworden ist.

Am Sonntag, den 26. Dezember 2010, dem 2. Weihnachtstag ist mein letzter Einsatz am Weiher für dieses Jahr. Es ist ein absolutes Traumwetter. Da mein Auto noch keine Winterreifen hat, treffe ich mich mit Rolf an der Haltestelle der Linie 12 und wir gehen mit Rucksäcken, in denen sich Kannen mit Glühwein befinden, zum Büdchen. Die Landschaft um den Weiher ist ein Wintermärchen und es ist viel los. Viele Menschen sind mit Ski und Schlitten unterwegs. Es herrscht ein buntes Treiben, und es macht Spaß zu sehen wie Groß und Klein sich ausgelassen im Schnee vergnügen. Bei all den Weihnachtsaktivitäten scheinen alle froh zu sein sich draußen in der Natur aufhalten zu können. Aber wann gibt es denn auch ein solches Winterwetter in Köln? Mit Kaffee, Glühwein und Kakao haben Rolf und ich heute genug zu tun.
Als gegen 17.30 Uhr die Dämmerung hereinbricht treten wir, wie zwei fröhliche Kinder, unseren Heimweg an. Wieder einmal habe ich das Gefühl genau an der richtigen Stelle zu sein und mit meinem Einsatz etwas Sinnvolles zu tun. Die Menschen, die an Weihnachten zum Weiher gekommen sind, hatten viel Freude und das freut mich auch!

Sankt Martin am Weiher 2010

Reparatur der Boote

**Aufgaben des Kalscheurer Weiher e.V.**

Es gibt viel Arbeit die von uns erledigt werden muss. Alle Arbeiten müssen auf wenige Mitglieder übertragen werden. Wenn wir einmal überschlagen, was alles zu erledigen ist, kommen einige Arbeitsgebiete zusammen, die da wären:

- Organisation allgemein und speziell der Abläufe des Notbüdchens,
- Durchführung und Organisation von Veranstaltungen,
- Einkaufen und Backen,
- Verhandlungen mit der Stadt und mit den Behörden,
- Presse- und Öffentlichkeitsarbeit,
- ständige Information an die Bürger und die Mitglieder,
- Buchführung, Protokollführung,
- Reparaturarbeiten an Bauwagen und Ausrüstung,
- Planung und Ausführung des neu zu erstellenden Holzhauses,
- Überprüfung der Wasserqualität und des Einsatzes für den Naturnutz,
- Reparatur und Instandhaltung der Boote.

**Andrea und Erwin kommen zu uns**

In Bezug auf die Boote bekommen wir Ende Dezember 2010/Anfang Januar 2011 unerwartet Hilfe. Andrea und Erwin kommen zu uns. Diese Geschichte ist so außergewöhnlich, dass ich sie besonders erwähnen möchte. Andrea hat unseren Flyer an einer Bushaltestelle gelesen: *„Ein Büdchen für Alle. „Unser Kalscheurer Weiher e.V." sucht Spender. Der Verein „Unser Kalscheurer Weiher e.V." hat sich gegründet, um für eine nicht kommerzielle Gastronomie plus Bootsverleih am Kalscheurer Weiher zu kämpfen. Erfolgreich! In Kürze wird der Pachtvertrag für das Gelände unterschrieben. Jetzt werden die Pläne für den Bau eines neuen Büdchens am Kalscheurer Weiher konkret. Wir brauchen Ihre Hilfe, um ein Büdchen mit Toiletten, Abwassertank und Elektroanschlüssen zu errichten. Das wird ungefähr 15.000 Euro kosten. Außerdem träumen wir noch davon, einen Anschluss an das öffentliche Stromnetz zu legen, damit wir keinen Generator mehr brauchen und Lärm und Gestank am Weiher der Vergangenheit angehören. Der Verein „Unser Kalscheurer Weiher e.V." bittet um Spenden für den Bau des neuen Büdchens, das im April 2011 eingeweiht werden soll. Auch Sachspenden und tatkräftige Unterstützung werden gern angenommen."*

Es ist kurz vor Weihnachten. Mit diesem Flyer geht sie zu Erwin und sagt: „Lass uns doch dieses Jahr nicht einfach nur so das Übliche schenken, lass uns statt dessen diesen Verein unterstützen, dann tun wir was Sinnvolles". Gesagt getan und dann sitzen Andrea und Erwin bei einer unserer nächsten Vereinssitzungen, wir treffen uns inzwischen im Münchener Eck. Was Andrea nicht ahnen konnte ist, dass sie dann ab Februar 2011 ihren Mann kaum noch zu sehen bekommt. Erwin ist der absolute Tüftler. Früher hat er Enten (2 CV von Citröen) auseinandergenommen und repariert. Nun steckt er all sein Können und sein Geschick in unsere, eigentlich schrottreifen, Boote. 10 Boote haben wir mittlerweile die alle überholt werden müssen (Foto S.43). Die Reparatur ist aufwendig: Zuerst muss man die Boote auf Schäden begutachten, auseinander bauen und danach die alte Farbe abschleifen. Nachdem der Lack entfernt wurde, müssen Löcher und Risse geflickt und zum Schluss wieder alles neu lackiert und zusammengebaut werden. Nach der aufwendigen Reparatur ist jedes Boot ein absolutes Unikat und kaum noch wiederzuerkennen (Foto S. 43 oben). Mindestens 200 Arbeitsstunden stecken in jedem einzelnen Boot. Wir haben das Glück für den Winter am Bonner Wall eine 80 qm große Halle preiswert anzumieten. So arbeitet unser technisches Team, Günter, Rolf und Erwin auf Hochtouren, damit zum Frühling die Boote wieder weihertauglich sind. Bei den Schleifarbeiten helfen auch schon mal Karin, Ute oder Maria. Jede Hand wird gebraucht. Das technische Team erhält plötzlich unerwartete Hilfe durch Kurt. Kurt hat hobbymäßig mit dem Bau von Modellbooten zu tun. Seine handwerklichen Fertigkeiten kann er wunderbar bei der Restaurierung unserer Boote einbringen. Es ist immer wieder eine Freude zu erleben, wie Menschen sich bei uns einbringen und so zum Gelingen des gesamten Projekts beitragen.

**Eines der Boote nach Fertigstellung**

## Manche Dinge dauern etwas länger

**Die Unterschrift des Pachtvertrages dauerte sehr lange!**

Am 18. Dezember 2010 finde ich einen Eintrag in meinem Tagebuch der lautet: *Pachtvertrag steht kurz vor der Unterschrift!* Man stelle sich vor, wir hatten am Tag der Bürgerversammlung, dem 24.03.2010, durch den Kölner Stadtanzeiger erfahren, dass die Stadt Köln nun endlich wieder eine Ausschreibung bezüglich der Pachtvergabe am Kalscheurer Weiher gemacht hat. Die Angebotsfrist lief am 18.05.2010, 14 Uhr, ab.
Voraussetzung für den Pachtvertrag war unsere Bewerbung mit einem Entwurf des zu errichtenden neuen Kiosks. Da wir an einer preiswerten und den Erfordernissen des Brandschutzes genügenden Lösung interessiert waren, entstand zuerst die Idee, mit Containern zu arbeiten. Zu diesem Zeitpunkt wurde uns Hilfe von einem Verein angeboten, der sich auf den Ausbau von Containern spezialisiert hatte. Unser Vereinsmitglied Günter hatte einen Entwurf mit Containern als Grundlage angefertigt. (Bild 1 u. 2 S. 44). Im Laufe der Zeit stellte sich jedoch heraus, dass es sehr schwierig und teuer war, an für uns geeignete Container heranzukommen. Die Container, die für uns preislich in Ordnung waren, waren dermaßen veraltet, dass es keine Freude machte, damit zu arbeiten. Dann mussten wir feststellen, dass der Verein, der uns ihre Hilfe zugesagt hatte, sein Angebot nicht in die Tat umsetzen konnte. Bei genauerer Betrachtung aller Aspekte des Projektes hätte es eines unrealistischen Arbeits- und Geldaufwands bedurft um die Container-Häuser in einen ansehnlichen Begegnungsort zu verwandeln. Letztendlich

wäre es immer eine gestückelte Sache geblieben, wenn wir aus alten, halb verrotteten Blechcontainern, einen neuen Kiosk erstellt hätten.

In Gesprächen mit Günter und im Laufe unserer Mitgliederversammlungen, kamen wir dann zu dem Entschluss, einen Neubau zu wagen. Günter legte uns einen neuen Entwurf für unser Holzhaus und eine Kostenkalkulation vor, die uns alle überzeugt hat. Mit diesem Entwurf (Bild 3 S. 44) gingen Ulrike und Rosalie dann mit Günter zu den Verhandlungen mit der Stadt und haben darum gebeten, diesen zur Grundlage des Pachtvertrages zu machen. Der Entwurf hat das Amt für Grünflächen sofort überzeugt, und bereits in der Pachtausschreibung war gefordert worden, dass das neue Haus sich gestalterisch der Umgebung anpassen und in einstöckiger Holzbauweise ausgeführt werden sollte.

Es war also ein langwieriger Prozess einen Entwurf einzureichen der allen Anforderungen an den neuen Kiosk gerecht wurde.

Zwischenzeitlich wechselte der Leiter des Grünflächenamtes und aufgrund der Veränderungen im Amt verzögerte sich die Unterschrift des Pachtvertrages bis zum 27.01.2011. So hielten wir erst im Februar 2011 ein unterschriebenes Exemplar des Pachtvertrages in unseren Händen.

**Bild 1 Containerentwurf (Marquardt Gestaltung)**

**Bild 2 Model Entwurf Container (Marquardt Gestaltung)**

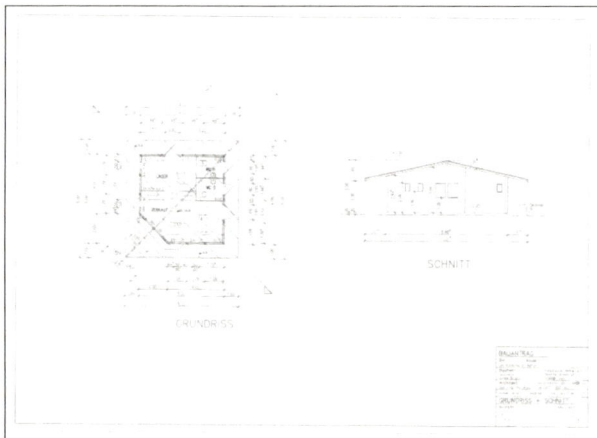

**Bild 3 Endgültiger Entwurf (Marquardt Gestaltung)**

# Karneval 2011

## Karnevalsumzug in der Schulze-Delitzsch-Straße

*„Das Ringen um den Erhalt des Kiosk am Kalscheurer Weiher spielte in Raderthal auch eine Rolle (Bildunterschrift beim Bericht des Kölner Stadt-Anzeigers vom 8.3.2011)"*

Neben dem Restaurieren der Boote in der Halle am Bonner Wall können wir diese auch nutzen um an unserem kleinen Karnevalswagen zu arbeiten. Da der Raderthaler Karnevalsumzug in diesem Jahr ausfällt hat sich der Kalscheurer Weiher e.V. entschlossen, den Karnevalsumzug der Schulze-Delitsch-Straße zu unterstützen. Erst befürchten wir, dass wir wegen „Personalmangel" nichts zustande bekommen. Diesmal sind wir wirklich nur wenige. Einige unserer ehe schon wenigen Helfer sind krank oder verreist. Aber dann sind wir wieder erstaunt wie gut alles läuft. Das Vorbereiten macht viel Freude und Brigittes Bau- und Bastelfähigkeit zeigt danach ein ganz wunderbares Ergebnis.

Und dann der Einsatz am Karnevalssamstag ist einfach großartig. Wir treffen uns am Samstag um 12.30 Uhr bei Brigitte am Hönninger Weg. Von dort ziehen wir zu dritt unseren Karnevalswagen, das „Notbüdchen", in die Schulze-Delitzsch-Straße. Dort sind schon einige Gruppen versammelt. Insgesamt werden es 11 Gruppen sein. Unsere eigene kleine Gruppe umfasst dann doch 13 Personen und einen Hütehund dem Volker und Renate zwei „Kamelletaschen" umgehangen haben. Volker und Renate sind eigentlich nicht die Karnevalsfans, aber nun haben sie ihre geplante Reise verschoben, um uns zu unterstützen. Es ist eine absolute Bereicherung für unseren kleinen Umzug sie mit Hund dabei zu haben (Fotos s. unten).

Karneval 2011

So berichtet der Kölner Stadt-Anzeiger am 8.3.2011 wie folgt:
„*Wir unterbeaten alles*", *hatten die Jecken aus der Schulze-Delitzsch-Straße versprochen. Doch weit gefehlt:* „*Wir sind selbst von diesem Ansturm überrascht*", *so eine Nachbarin: Mehr als 1000 Leute kamen zum* „*kleinsten Straßenumzug Kölns*". *Nach dem Ausfall des* „*großen*" *Veedelszuges hatten die Nachbarn improvisiert – und es wurde ein geradezu surreal-schönes Fest. Nach der Proklamation von Prinz Heinrich I., Bauer Robert und Jungfrau Udine hieß es:* „*Bitte verteilt euch in der Straße, d'r Zoch kütt!*" *Und unter Alaaf-Rufen nahte dieser, mit bissigen Ideen im Gepäck: Ein den* „*Aida*"-*Marsch spielendes Corps zog das* „*Opern-Ausweichquartier*" *auf einer Minibühne hinter sich her. Der Verein* „*Unser Kalscheurer Weiher*" *präsentierte eine Hundehütte als* „*Not-Büdchen*" *für Seebesucher. Und der Regent wurde im Bollerwagen kutschiert:* „*Selbst wenn unser Wagen bricht, unser Prinz Heinrich nicht!*" *(bes)*".
(s. Kölner Stadt-Anzeiger vom 8.3.2011)

## Sonnenaufgang am See

**Immer wieder ein ganz besonderes Ereignis!**

Es gibt nicht nur die kulturellen Höhepunkte, sondern auch die täglichen Momente, die immer wieder Grund zur Freude geben. So ist es stets ein besonderes Erlebnis unterwegs am Weiher zu sein, um den Sonnenaufgang mitzuerleben. An diesem Morgen bin ich früh auf den Beinen, denn ich habe mit meinem Nordic-Walking-

Programm begonnen. Ich habe mir vorgenommen mit meinen Stöcken regelmäßig um den Weiher zu walken. Die Luft ist klar an diesem Morgen. Der Weiher liegt im Dunst. Ein ganz leichtes Rosa liegt über der Landschaft. Die Wiesen sind feucht vom Morgentau. Ich schaue von der Vogelschutzinsel in Richtung Brühler Straße und sehe am Himmel über dem zart rosa Streifen kleine hellgraue Wolken. Die Sonne ist noch nicht zu sehen, aber sie kündigt sich an mit diesem rosa Streifen über der Landschaft. Mit der Zeit wird das Rosa kräftiger. Die Rottöne wechseln sich ab, bis ein kräftiges blutrot entsteht. Nach kurzer Zeit zeigt sich die Sonne ganz vorsichtig. Sie wird von allen Vögeln begrüßt. Es ist, als hätten diese auf ihren Einsatz gewartet, denn plötzlich beginnt ein lautes Vogelgezwitscher um mich herum.

Jedes Mal bin ich dankbar und froh, wenn ich einen solchen Sonnenaufgang an unserem Kalscheurer Weiher erleben darf.

## Nordic-Walking

**Wir machen auch Sport!**

Seit März 2011 habe ich mich zu einem Training verpflichtet, das mir inzwischen viel Freude bereitet. Konnte ich bis vor kurzem noch nichts damit anfangen, wenn ich die Menschen um den Weiher mit ihren Stöcken walken sah, so bin ich jetzt begeistert davon. Bevor ich mich für dieses Programm entschieden hatte fand ich es eher albern mit diesen „Dingern" rumzulaufen. Aber dann wurde ich sozusagen bekehrt. Alex, ein Trainer meiner Arbeitsstelle suchte Probanden für seine Doktorarbeit. Also lautete unser Motto „wir walken für den Doktor". Alex hat sein Studium an der Sporthochschule in Köln absolviert und in diesem Zusammenhang wurde nun eine Gesundheitsstudie gemacht. Dies beinhaltet umfangreiche Eingangs- und Enduntersuchungen. Zweimal wöchentlich 1 ½ Stunden walken an der Jahn-Wiese und um den Adenauer Weiher. Dazu gehört auch eine Einweisung ins Walken und dem korrekten Umgang mit den Stöcken. Die junge Übungsleiterin kontrolliert gewissenhaft die Haltung und den Stockeinsatz. Der Kurs geht von März bis Anfang Juli 2011.

Das Ergebnis ist für mich sehr zufriedenstellend. So habe ich einiges an Gewicht verloren und meine Liebe zum Walken entdeckt. Nach dieser Zeit fühle ich mich viel fitter. Daher haben wir uns entschlossen, eine solche Möglichkeit auch am Kalscheurer Weiher anzubieten.

Ab Juli 2011 treffen wir uns regelmäßig jeden Mittwoch um 19.00 Uhr am Parkplatz. Wer Lust hat kann uns begleiten. Eine kleine Einweisung an den Stöcken kann ich mittlerweile erteilen, denn meine Erfahrungen mit der Gruppe vom Adenauer Weiher sind eindrucksvoll. Dank der lieben und kompetenten Übungsleiterin, die mich immer wieder auf Fehler in der Haltung hinwies, weiß ich nun auf was es ankommt. Mit Einbruch des Winters 2011 haben wir das Walken eingestellt. Auch wenn der Kreis der „Mit-Walker" in 2011 eher spärlich war, so werden wir auf jeden Fall diese Veranstaltung wieder aufleben lassen. Für uns ist es zur lieben Gewohnheit geworden um den Weiher zu walken. Es ist aber auch eine gute Möglichkeit unser Angebot von Aktivitäten rund um den See zu erweitern.

## Radio Köln „Projekt 20"

**Es wär´ so schön gewesen!**

Ab Mai 2011 gibt es ein Projekt, das uns, mich ganz besonders, einige Zeit in Atem hält. Radio Köln wird 20 Jahre alt und will für ein Projekt 20.000,00 Euro zur Verfügung stellen. Gefördert wird ein Projekt, für das sich Menschen in ihrem Veedel einsetzen. Als ich zum ersten Mal davon höre bin ich Feuer und Flamme. Ich bin von der Idee besessen, dass uns dieses Geld gewissermaßen „zusteht". Ich stecke alle Besucher am See an mit meiner Idee. Ich entwerfe einen Flyer *(s. Anhang 4)* und verteile ihn. Ernst verschickt eine Rund-Mail an alle Mitglieder und Freunde des Sees. Es täte uns so gut, das Geld für den Neubau unseres Holzhauses auf diese Weise zu erhalten. Ich schicke eine Bewerbung an Radio Köln und stelle unser Projekt vor.
Ich führe viele Gespräche mit den Besuchern am Weiher.

Eines Tages bin ich mit dem Auto unterwegs zur Jahn-Wiese und höre Radio Köln. Ich traue meinen Ohren nicht. Ein Sprecher stellt seiner Kollegin und den Hörern das „Projekt 20" vor und sagt: „Und hier haben wir eine Bewerbung vom Verein „Unser Kalscheurer Weiher e.V.". Der Verein aus Zollstock setzt sich besonders für den Naturschutz ein und braucht für sein neu zu bauendes Holzhaus 20.000,00 Euro".
In der Zwischenzeit bin ich mit dem Auto rechts herangefahren um besser hören zu können und meine Aufregung in den Griff zu bekommen. Danach werden noch weitere Projekte vorgestellt. Für mich ist es wie ein gutes

Ohmen, dass ich zufällig diese Sendung angehört habe. Von nun an konzentriere ich mich noch intensiver auf die Bekanntmachung unseres Projekts. Es ist nämlich so, dass im Endstadion dieser Aktion die Hörer über den Gewinner abstimmen müssen.

Eine spannende Zeit beginnt. Jede freie Minute erzähle ich von unserem Projekt am See. Rundmails werden verschickt an Freunde und Bekannte. Die Hürde, die jedoch genommen werden muss ist eine unabhängige Jury. Diese wird zum Schluss der Bewerbungszeit von allen Bewerbungen 10 Projekte aussuchen. Lines von der Talentprobe im Tanzbrunnen gehört auch zu der Jury. Erst wenn wir unter den 10 von der Jury ausgesuchten Projekten sind, haben wir eine weitere Chance. Erst dann können die Hörer von Radio Köln aus den letzten 10 Projekten den Gewinner auswählen. Am letzten Tag der Bewerbungsphase, bzw. dem Tag wo die Jury ihre Entscheidung bekannt geben wird, schlafe ich schlecht.

Morgens um 6.00 Uhr sitze ich an meinem PC und rufe nervös die Radio Köln Seite auf. Wird unser Projekt dabei sein? Beim durchsehen der Projekte wird schnell klar, worauf die Jury ihren Fokus gesetzt hat. Bei 6 von den 10 Projekten handelt es sich um Kinder- und Jugendprojekte. 2 beziehen sich auf den Seniorenbereich und die anderen 2 Projekte setzen sich für Tiere ein. Kurz habe ich die Überlegung im Kopf, wenn ich das geahnt hätte, hätte ich unsere Jugendarbeit mehr in den Mittelpunkt meiner Bewerbung gestellt. Aber es nützt nichts.
Ich brauche etwas Zeit um meine Enttäuschung zu überwinden und meine Aktivität wieder in eine andere Richtung zu bringen. Dieser Traum ist ausgeträumt und wir

müssen weiter schauen, wie wir das Geld für den Bau zusammen bekommen.

## Bootspaten

**Die bunte Vielfalt und Einzigartigkeit unserer Boote!**

Andrea hat mal wieder eine gute Idee. Ich bin immer wieder überrascht, was ihr alles so einfällt. Da sich herausgestellt hat, dass uns das Restaurieren der Boote nicht nur einen irren Zeitaufwand kostet, sondern auch ziemlich viel Geld für Material, hat Andrea überlegt, dass wir Paten für unsere Boote finden müssen. Schnell hat Ulrike einen Flyer entworfen und nach kurzer Zeit haben sich schon die ersten Paten für unsere Boote gefunden. Das Geld, das die Paten zur Verfügung stellen deckt die Materialkosten für ein Boot. Somit ist die Finanzierung der Restaurierung sichergestellt. Die Boote erhalten dann den Namen der Paten oder auch einen anderen Namen den sie gerne auf dem Boot haben möchten. Zusätzlich können sie eine Saison mit dem Boot umsonst fahren.
Es stellt sich heraus, dass dieses Angebot bei unseren Gästen sehr beliebt ist und wir schnell mehr Paten als Boote zur Verfügung haben. Die erste Bootstaufe ist ein besonderes Ereignis und eigens dafür haben Heide und Helga je ein Gedicht zur Taufe gemacht. Am 23. Juni 2011 können wir die ersten Boote taufen auf die Namen „Andrea, Regina und Syke". Es ist ein wunderbarer Sonnentag und die Boote werden mit Sekt und einem Gedicht eingeweiht.

Hier das Gedicht von Heide:

*„Ode an die Boote*
*Nach wochenlanger „Trockenzeit" liegt ihr am Weiher dienstbereit.*
*Experten haben euch saniert, gelackt, gespachtelt und poliert –*
*Euch rundum wasserdicht gemacht; so schwimmt ihr hier in neuer Pracht.*
*Mögt unsere Gäste sicher tragen ohn Unterlass – an allen Tagen.*
*Den neuen Einsatz abzurunden, wurd' je ein Name auch gefunden.*
*Wie ihr nun heißt, ist leicht zu raten, ihr tragt die Namen eurer Paten,*
*den wir gleich feierlich enthüllen und darauf unsere Gläser füllen.*
*Diese zum Dank wir dann erheben – die edlen Spender sollen leben!"*

## „Jo", eine ganz besondere Bootstaufe

### Am 23. Oktober hat Jo Geburtstag!

Jo ist vor fast einem Jahr gestorben. Seine Frau Bernadette und die 3 Kinder haben bei ihren regelmäßigen Besuchen auf dem Südfriedhof den Weiher entdeckt. Es ist schön für die Kinder dort Boot zu fahren.
Bei einem ihrer Besuche lesen sie unseren Aushang auf dem wir darauf hinweisen, dass wir Paten für unsere Boote suchen. Es entsteht die Idee, dass dies ein wunderbarer Ort ist um Jo nahe zu sein. Ein Boot soll Jo's Na-

men tragen! Die Kinder können dann damit fahren wann immer sie wollen und sich in der Natur an ihren Vater erinnern. Jo hat diesen Platz nicht kennen gelernt. Die Familie kannte den Weiher noch nicht als er noch lebte.
Bei der Suche nach einem Termin für die Bootstaufe wurde zuerst überlegt den Todestag als Datum zu wählen. Aber dann wurde die Taufe auf Jo´s Geburtstag festgelegt. Und so wurde es ein teils fröhliches, mitunter auch nachdenkliches, manchmal auch trauriges Ereignis. Traurig war für mich der Moment, als alle Gäste am Weiher zusammenkamen um bei der Taufe dabei zu sein. Ich konnte sehr stark die Lücke spüren, die Jo's Tod bei seiner Familie und seinen Freunden hinterlassen hat. Viele waren ergriffen bei Ulrikes Rede zur Taufe des Bootes auf den Namen „Jo". Jedoch genau in dem Augenblick, als Ulrike das Tuch wegzog, mit welchem der Name des Bootes verdeckt war, hatte ich den Eindruck, der Himmel strahlt noch etwas heller als schon den ganzen Tag über. Ich war nicht die einzige die spontan meinte, Jo schaut uns von oben zu und lächelt! Dann fuhr Bernadette mit ihren Kindern eine Runde auf dem heute besonders glänzenden Weiher.
Es waren viele Gäste gekommen, Familienangehörige und Freunde von Jo und Bernadette. Da viele Kinder dabei waren ging es recht unbeschwert zu. Denn alle waren da um Jo´s Geburtstag zu feiern!

Es macht mir Freude zu wissen, dass Jo einen Platz am Weiher gefunden hat, an dem seine Kinder ihn besuchen können wann immer sie möchten.
So stehen die unterschiedlichsten Geschichten hinter den Namen unserer Boote. Das wiederum macht jedes einzelne Boot zu einem ganz besonderen Boot, nicht nur für die

Paten sondern auch für uns. Wie z.B. das Boot „Syke". Syke ist der Name eines Ortes in Norddeutschland. Eines unserer Mitglieder, Helga, hat dieses Boot ihrem Mann gewidmet, der dort auf See bestattet wurde.

Aber es gibt natürlich nicht nur traurige Geschichten bezüglich der Namen unserer Boote. Es gibt auch die fröhlichen Geschichten.

So wurde ein Boot auf den Namen „Maria" getauft, damit machte ein Ehemann seiner Frau ein Geburtstagsgeschenk. Nun kann sie mit der kleinen Tochter regelmäßig mit ihrem eigenen Boot fahren. Oder das Boot „Lena", als Geschenk von einer Großmutter für die Enkeltochter. Lena kommt gerne nach der Schule mit einer Freundin zum See um eine Runde auf dem See zu machen, dabei werden die Schulsachen im Notbüdchen deponiert.

Besonders ist auch die Geschichte des Bootes „Afrikan Queen". Hiermit möchte ich einen besonderen Dank aussprechen an die Besitzer der Halle vom Bonner Wall, wo wir unsere Boote restaurieren dürfen. Bei all dem Staub, den das Abschleifen der Boote machte, war es verwunderlich, dass die Hallenbesitzer so geduldig und freundlich blieben. So entstand der Wunsch bei uns, ihnen ein Boot zu widmen. Das Team der Halle hatte die Möglichkeit sich einen Namen zu überlegen. Und nach langen Überlegungen war eines Tages der Name „Afrikan Queen" gefunden.

Und noch ein Gedicht in diesem Zusammenhang, diesmal von Helga:

*„Es kam der Tag mit dem Beschluss:*
*„Weg mit dem Büdchen ist ein Muss!"*
*Aufwertung ist hier angesagt.*

*Die Bürger wurden nicht gefragt.*
*Kluge Leute gab es hier.*
*„Ein neues Büdchen wollen wir."*
*Ist auch etwas Zeit verronnen,*
*es wurde wieder neu begonnen.*
*Man konnte sich dann schnell verbünden,*
*den Verein dann auch zu gründen.*
*Ein Büdchen nicht von großer Masse,*
*es ist von ganz besonderer Klasse.*
*Dabei sollte es nicht bleiben,*
*weil tolle Leute es betreiben.*
*Sie hatten dann auch die Idee:*
*„Wie beleben wir den See?"*
*Die Boote müssen wieder her!*
*Die fehlen hier auch wirklich sehr!*
*Und so kamen Stück für Stück*
*die Boote auf den See zurück.*
*Gearbeitet wurde Hand in Hand,*
*und das mit großem Sachverstand.*
*Die meisten Boote sind jetzt klar,*
*das finden wir ganz wunderbar.*
*Paten sind bei uns ganz richtig,*
*denn ihre Spende ist uns wichtig,*
*um die Boote zu betreiben,*
*damit sie uns erhalten bleiben.*
*Heute können wir erleben,*
*dass Paten Namen hier vergeben,*
*um die Boote zu benennen,*
*damit wir sie auch wiederkennen.*
*Nun heißt es wieder aufzubrechen,*
*um erneut in See zu stechen.*
*Und so nach alter Seemannsart:*
*„Allzeit gute Fahrt!"*

Bootstaufe

Bootstaufe

# Singen am See

## „Wilde Volks-Musik", zum ersten Mal am 17. Juni 2011

Brigitte, die ich gerne liebevoll „Rauchzeichen Brigitte" nenne, da sie keinen Computer besitzt, im Waldkindergarten arbeitet und alle Plakate von Hand macht, hat sich die Veranstaltung eines regelmäßigen Musikabends am Weiher zur Aufgabe gemacht. Mich freud´s ganz besonders, denn ich liebe es zu singen. Alle 14 Tage, freitags ab 19.30 Uhr, sind alle, die das Singen ebenfalls lieben, eingeladen mit uns zusammen zu musizieren.
Die erste Veranstaltung findet am 17. Juni 2011 statt und ist ein voller Erfolg. Kurt an der Gitarre und Dietrich begleiten die Sänger mit ihren Instrumenten. Brigitte hat Musikmappen zusammengestellt von „B" wie Beatles bis „Z" wie Zappa. Dazwischen die bunte Vielfalt, Volkslieder, Moritaten, Rock, Soul, Gospel, Schlager. Einfach Klasse was so entsteht wenn sich Menschen aus purer Lust am Singen zusammen tun. Dazu immer wieder die wunderbare Abendstimmung am Weiher.
Jede einzelne Veranstaltung war auf ihre Art und Weise besonders und schön. So z.B. am 1. Juli, als das Wetter es wirklich nicht gut mit uns meinte und wir noch im letzten Moment absagen wollten. Dann fanden sich aber doch 8 Leute zusammen und Winni mit seiner Gitarre. Wir sitzen in warme Decken gehüllt bei Tee, Wein oder Bier. Bei einem ganz wundervollen Sonnenuntergang mit Regenbogen singen wir uns warm. Spät abends zu Hause höre ich mir Winnis CD an, die er in seiner Küche aufgenommen hat. Diese Lieder machen einfach Freude. Das Wetter in diesem Sommer war einfach nicht gut. Immer

wieder haben wir Angst, dass unsere Musikveranstaltung wegen Regen ausfallen muss.
So war es auch am 12. August, man stelle sich vor, AUGUST! Es war kühl und regnerisch. Aber wir lassen die Veranstaltung stattfinden und es wurde ein traumhafter Abend. Michael Rheinländer mit seinem Akkordeon ist einfach Klasse. Er hat die Gruppe voll im Griff und improvisiert alles gekonnt. Dabei steht der Spaßfaktor absolut im Vordergrund. Und was hatten wir für einen Spaß, alle waren glücklich, obwohl das Wetter nicht so toll war. Da wir nie genau wissen wer von den Musikern das nächste Mal dabei ist, wissen wir auch nicht im Voraus was passieren wird. Aber genau das macht den Reiz dieser Veranstaltung aus. Sie ist spontan und nicht vorher planbar. Das kostet Brigitte manchmal einige Nerven, aber rückblickend gesehen waren die Erlebnisse immer freudvoll und bereichernd.
Diese Veranstaltung fand in 2011 acht Mal statt, so lange bis Dunkelheit und die kalte Jahreszeit es nicht mehr erlaubten unter freiem Himmel zu sein. Aber für uns ist klar, dass wir sie im neuen Jahr auf jeden Fall wieder in unser Programm aufnehmen werden. Es lebe das spontane Singen!

## Hunde erwünscht, aber Regeln sind wichtig

### Er will doch nur spielen!

Wenn ich aus der Klappe des Bauwagens schaue habe ich einen Bildausschnitt von 80 x 150 in die Landschaft (Foto S.63 unten). Wenn ich zusätzlich auf dem um einige cm gekürzten Barhocker sitze habe ich eine wunderbar

entspannte Sitzhaltung. Ich schaue gelassen in die Natur. Hin und wieder bewegt sich etwas in mein Bild.
Ich freue mich immer über die Spaziergänger am See, egal ob mit oder ohne Hund! Aber, wir haben Meinungsverschiedenheiten mit einigen Hundebesitzern. Wir lieben Hunde und sind selber Hundebesitzer. Es handelt sich nur um eine kleine Gruppe. Es gibt nämlich auch die anderen Hundebesitzer, die genau verstehen was gemeint ist, ohne dass wir es ausdrücklich erklären müssen.
Wir haben uns aus Rücksicht für alle Besucher unseres kleinen gepachteten Stückchens Land am Weiher für klare Regeln entschlossen. Aus Respekt für alle Gäste, auch die Allerkleinsten! (Foto S 63 oben)

Hunde bitte anleinen

Blick in die Landschaft

Leider mussten wir erleben, dass Kinder durch Hunde angestoßen oder angesprungen wurden. So kam es vor, dass einem Kind die Wurst aus der Hand fiel, weil es sich vor einem Hund erschrocken hatte. Die Äußerungen der Hundebesitzer „er will doch nur spielen" nützen da leider nichts. Das Vertrauen der Kinder ist dahin. Außerdem hatte es zur Folge, dass Eltern mit Kindern nicht gerne zu uns kamen. Ich möchte nicht die Kinder vorschieben als Begründung, warum wir uns für die Regel entschieden haben: „*Bitte leinen Sie Ihre Hunde auf dem Pachtgelände an!*" Dies wird sich nach dem Bau unseres neuen Holzhauses insoweit verändern, dass es dann lauten wird: „*Bitte leinen Sie Ihre Hunde <u>vor</u> dem Betreten des Pachtgeländes an!*"

Nach langen Diskussionen entschlossen sich einige Hundebesitzer aus der beschriebenen Gruppe ihre Hunde anzuleinen, aber Sie taten es an einer <u>langen</u> Leine. Dadurch war das Chaos auf dem Pachtgelände und vor dem Kiosk perfekt. Die Hunde wuselten durcheinander, die Besitzer saßen oder standen da und die Hundeleinen verfingen sich. Jeder der zum Kiosk wollte, wurde angebellt oder hatte immer noch Angst eventuell gebissen zu werden. Außerdem hoben die Hunde fleißig ihre Beine um ihr Revier zu markieren, und das natürlich an Tischen, Stühlen, Bänken und am Kiosk selbst. Sehr unerfreulich für alle anderen Gäste und natürlich auch für uns, die wir dort arbeiteten.

Eine meiner ganz persönlich erlebten Hundegeschichten möchte ich kurz erzählen. Sie zeigt die Unüberlegtheit,

die Menschen mitunter blind macht für die Belange ihrer Mitmenschen.
Bei einer unserer ersten Feiern im Mai 2010 am Weiher hatten wir zwei mobile Grills mitgebracht. Diese wollten wir auch für unsere Gäste zur Verfügung stellen. Zwei Paare mit großen Hunden setzten sich mit einer mitgebrachten Campinggarnitur mit Bank und Tisch mitten ins Gelände und ließen ihre Hunde tollen. Ich hatte den Grill angezündet und wartete darauf, dass die Glut heruntergebrannt war um das Fleisch aufzulegen. Auf einmal kamen die Hunde spielend auf den Grill zugelaufen und warfen ihn um. Ich konnte gerade noch zurückspringen, damit mir die heiße Kohle nicht auf die Füße kippte.
Die beiden Paare, denen die Hunde gehörten, reagierten kaum, sie lachten und meinten, es ist ja nichts passiert. Ich war ja rechtzeitig weggesprungen! Gut, wie sagt der Kölner: „Et hätt noch immer jot jejange!"

Früher, als Andrea und Siggi das Gelände gepachtet hatten, gab es die Auseinandersetzungen mit den Hundebesitzern auch. Aber, letztendlich haben die beiden die Anleinpflicht nicht konsequent durchgesetzt. Ich kann nur vermuten, dass dies aus wirtschaftlichen Erwägungen heraus geschehen ist oder auch, weil sie es satt hatten sich immer wieder auseinander setzen zu müssen. So hatten diese Hundebesitzer das Sagen auf dem Pachtgelände. Man saß auf den Stühlen direkt am See, trank Kaffee oder Bier, schmiss Stöckchen ins Wasser. Wenn die Hunde nass wieder raus kamen und sich schüttelten war das lustig. Pech nur für die Menschen die das nicht lustig fanden. Es gab nämlich auch solche, die gerne mit Zeitung oder Buch dort sitzen wollten ohne Hundegebell oder Dusche, hervorgerufen durch einen sich schüttelnden, nassen Hund.

Klar ist, dass wir in einer Gemeinschaft von Menschen aufeinander Rücksicht nehmen müssen, damit es jedem gut geht!
Die Stadt Köln hat uns gebeten folgende Auflagen zum Aushang zu bringen:

*„Was man im Pachtbereich nicht machen darf:*

> *Wasservögel und Fische füttern*
> *Tiere, insbesondere Wasservögel und Fische fangen oder beunruhigen*
> *Pflanzen abreißen oder beschädigen*
> *Hunde unangeleint im Uferbereich laufen bzw. ins Wasser zu lassen*
> *Baden im See*
> *Abfälle im Uferbereich und im See wegwerfen*
> *Motorisierte Modellboote in den See lassen".*

Am Anfang haben wir genau damit argumentiert, wenn wir zum wiederholten Male gefragt wurden, warum denn auf einmal die Hunde angeleint werden sollen. Wir haben gesagt, dass uns die Stadt Köln die Auflage erteilt hat, die Hunde anzuleinen. Aber inzwischen wissen wir, dass auch wir dies wirklich wollen. Die Resonanz unserer alten, treuen Gäste wie auch mittlerweile vieler neuen Gäste, zeigt uns, dass wir genau richtig liegen mit dem was wir tun. Wir möchten einen Platz schaffen, der der Schönheit der Natur Rechnung trägt und an dem die Menschen Rücksicht nehmen aufeinander. Das setzt voraus, dass die Besucher wissen, dass die Bedürfnisse unterschiedlich sind. Ich finde den Text in der Verordnung des Grünflächenamtes ausgezeichnet. Dieser befindet sich überall in den Grünanlagen und ich möchte ihn auszugsweise erwähnen: *„Nicht alle Menschen fühlen sich in Gegenwart unangeleinter Hunde wohl. Nehmen Sie bitte Rücksicht auf eventuelle Ängste und vermeiden Sie eine Gefährdung von Menschen oder anderen Tieren. ….. (Rechtsgrundlagen: Landeshundegesetz vom 18.12.2002, Grünflächenverordnung vom 06.02.2003)."*

Wir lieben Hunde, daher schmerzt es mich, wenn wir Zettel an unserem Büdchen finden worin wir als Hundefeinde bezeichnet werden. Zu einem gemeinsamen Miteinander gehören allerdings Regeln, die wir zugunsten aller unserer Gäste durchsetzen werden.

Neben diesen Regeln gibt es allerdings eine Menge Dinge, die man am Weiher darf:

*Sich gemütlich niederlassen und die Atmosphäre am Weiher genießen*
*Sich am Kiosk mit Getränken und kleinen Speisen verwöhnen lassen*
*Sich mit Freunden treffen*
*Ein schönes Buch oder eine Zeitung lesen*
*Den wundervollen Sonnenuntergang am Weiher genießen*
*Bötchen fahren*
*Modellsegelboote fahren lassen.*

All das können wir gemeinsam genießen und natürlich gehören auch die Hunde dazu, wenn sie angeleint mit ihren Besitzern das Pachtgelände betreten. Es wird genug Wassernäpfe geben damit auch die Hunde ihren Durst stillen können.

## Literarische Premiere am Seeufer

### Bert Brune liest am 19. August 2011 am Kalscheurer Weiher

Wie schon im Vorjahr so soll auch in diesem Jahr die ein oder andere künstlerische Veranstaltung am Weiher stattfinden. So kam uns mehr oder weniger der Zufall zu Hilfe. Bei einem Vereinstreffen brachte Uwe, eines unserer Vereinsmitglieder, Roland Reischl mit. Roland Reichl wohnt in Zollstock und hat dort seinen Verlag. Er ist an unserer Arbeit am Weiher interessiert und verlegt u.a. die Bücher und Geschichten von Bert Brune. So entstand die Idee mit der Lesung am Weiher. Der Kölner Schriftsteller und Stadtwanderer Bert Brune trägt gerne seine Geschichten über die einzelnen Stadtteile vor. Da er schon vor langer Zeit auch Texte über den Kalscheurer Weiher geschrieben hat, war es eine gute Idee die Lesung bei uns stattfinden zu lassen.

Es war ein ganz besonderer Abend, denn die Stimmung am See war beeindruckend, irgendwie festlich wie Bert Brune in der Abendstimmung seine Alltagsgeschichten vortrug. Er liebt diese Stelle am See und die lockere Atmosphäre. An diesem Abend steht er an einem hohen Tisch mit dem Rücken zum Weiher. Sein Manuskript liegt vor ihm auf dem Stehtisch. Als er aus einem seiner Texte vom Kalscheurer Weiher rezitiert: *„So sitzt man am Büdchen in der Natur und guckt in die untergehende Sonne…..";* gerade in dem Moment, als er diesen 20 Jahre alten Text vorträgt beginnt der Sonnenuntergang am See aufs Neue, völlig zeitlos das Bild das sich mir einprägt, egal ob vor 20 Jahren oder heute!

Frau Süsser vom Kölner Stadtanzeiger war bei der Lesung dabei und hat den nachstehenden Artikel verfasst:

*„Zollstock. Der Weg hatte ihn an den Kalscheurer Weiher geführt – an den beschaulichen Ort im Grüngürtel am Oberer Komarweg nahe des Militärrings. Ausnahmsweise war Bert Brune aber nicht als Flaneur und Stadtspaziergänger unterwegs, sondern der Schriftsteller erzählte Geschichten und trug Gedichte vor, er las aus seinen Büchern „Rheinwärts" und „Eine Runde um den Block". Und zwischendurch begleitete er sich selbst auf der Gitarre.*

*Alltagsgeschichten*

*Wie immer bei Bert Brune, der in Rodenkirchen lebt, ging es um Alltagsgeschichten, um die kleinen Dinge des Lebens, um banale Tätigkeiten und um glückliche oder kuriose Begegnungen."* (s. Kölner Stadt-Anzeiger vom 25. August 2011, von Ulrike Süsser)

**Neues zum Stand des Bauantrages**

Zwischen all den schönen, gesellschaftlichen Ereignissen dürfen wir nicht aus den Augen verlieren, dass wir bereits seit dem 1. April 2011 Pächter am Weiher sind und immer noch vom Bauwagen aus agieren. Der Bauantrag ist schon lange eingereicht und wir haben das Gefühl es geschieht nichts. Wir haben inzwischen aufgehört den Besuchern feste Zusagen zu machen auf die Frage: „Na, wann gibt es denn Eurer neues Holzhaus?" So verfassen wir Anfang August 2011 die folgende Information an alle unsere Mitglieder und Besucher des Kalscheurer Weihers:

*„Vor mehr als 3 Monaten haben wir den Bauantrag für den Bau eines neuen Kiosks gestellt. Vergangene Woche lagen nun endlich alle Stellungnahmen der fünf involvierten Behörden vor und leider mit unliebsamen Überraschungen:*
*Die Untere Wasserbehörde verlangte nun, dass das Schmutzwasser der öffentlichen Kanalisation zugeführt werden müsse.*

*Das wäre das Aus für unseren Kiosk gewesen.*

*Wir sind aber angetreten um wieder einen Kiosk aufzubauen und diesen wunderschönen Ort als Rast- und Erholungsplatz für die Besucher des Weihers zu erhalten.*

*In Diskussionen haben wir nun erreicht, dass Mitte August ein Gespräch mit Vertretern der Behörde stattfindet, in dem wir besprechen werden, unter welchen Bedingungen wir wie bereits geplant eine mit der Natur verträgliche Lösung für das Abwasserproblem vor Ort finden können.*

*Wir hoffen, dass die finanzielle Latte nicht so hoch gehängt wird, dass die Bedingungen nicht erfüllt werden können. Wir werden unsererseits konkrete Lösungsvorschläge unterbreiten, die wir in unserem finanziellen Rahmen erfüllen können.*

*Die Untere Landschaftsbehörde verlangt Ausgleichsmaßnahmen, wenn Böden in Landschaftsschutzgebieten versiegelt werden. Auch wenn die vorhandene Fläche bereits versiegelt ist muss ein Antrag gestellt werden, dem von einem Beirat der Unteren Landschaftsbehörde zugestimmt werden muss. Das ist zwar auch wieder mit viel Arbeit verbunden, aber eine Zustimmung wurde in Aussicht gestellt. Leider verzögert sich dadurch allerdings die Genehmigung des Bauvorhabens, da der Beirat erst am 15. September wieder tagt.*

*In unserem Pachtvertrag wurde uns die Erneuerung des Untergrundes für den neuen Kiosk zugesichert. Die Planungen für dieses Vorhaben sind abgeschossen und die Ausschreibung und Realisierung warten nur auf die Baugenehmigung. Wir hoffen, dass wenigstens diese Vorar-*

*beiten noch in diesem Jahr abgeschlossen werden können.*
*Wir arbeiten daran alle Probleme in der nächsten Zeit zu lösen. Für den Aufbau des neuen Kiosks werden wir aber wohl auf das nächste Frühjahr warten müssen da uns sonst das Winterwetter überraschen würde.*

*Aber: Wir haben ja schließlich unser Notbüdchen und werden diesen Sommer – wenn er denn mal wettermäßig kommt – mit diesem Behelf, den wir alle bereits lieb gewonnen haben, überstehen. (ViSP: Ulrike Bojahr)"*

## Kalte Schnauze á la Helmut;

### Die Torte meiner Kindheit erhält eine neue Bedeutung

Wenn wenig los ist liebe ich die Arbeit am See ganz besonders. Leichter Regen, etwas Dunst auf dem Weiher, kaum Menschen. Ab und zu ein Jogger oder ein Spaziergänger mit oder ohne Hund. Die meisten Besucher freuen sich an solch einem Tag besonders, wenn auch bei schlechtem Wetter jemand am Notbüdchen die Stellung hält.
Ich habe ein Buch bei mir, komme aber trotz wenig Publikumsverkehr nicht zum Lesen. In der Natur ist immer etwas los. Die Enten, die mit ihren Kleinen den ersten Ausflug machen oder die Schwäne die übers Wasser gleiten als würden sie Wasserski laufen. Im Wagen hängt in der Mitte der Getränkeausgabe eine Glocke. Wir schlagen sie an, wenn der Tee oder die Suppe heiß ist. Der Ausblick aus dem Wagen auf Glocke und See ist so un-

glaublich schön in dieser ruhigen Stimmung. Ich denke an meine Bücher über Zen im Alltag, die mich immer wieder dazu auffordern, die Schönheit des Augenblicks tief zu berühren. Hier habe ich die Möglichkeit dazu. Und dann höre ich die Stimme von Helmut. Er läuft über die Wege und ruft immer wieder: „Marie, Marie!" Am Anfang war ich irritiert weil ich mich angesprochen fühlte. Ich dachte, woher kennt der meinen Namen? Aber dann wurde klar, dass er nach seinem kleinen Hund ruft.
Helmut ist ein etwas schwieriger Gast, aber ich unterhalte mich gerne mit ihm. Er trägt Steinketten genau wie ich und wir tauschen unsere Erfahrungen aus über Steine und wo wir unsere Ketten gekauft haben. So erfahre ich von einer Schmuckhändlerin die mittwochs in Rodenkirchen auf dem Markt steht und dienstags auf dem Auerbachplatz. Helmut mag Kahil Gilbran „Der Prophet"[5] genau wie ich und Helmut mag am liebsten „kalten Hund", genau wie ich. Seit meiner Kindheit liebe ich diesen leckeren Kuchen aus Keksen und Schokoladenmasse. Wenn gleich ich ihn heute nur noch 1 x im Jahr zu mir nehme.
Rosalie unsere Kuchenbäckerin macht einen köstlichen „kalten Hund". Als ich erfahre, dass Helmut an einem Herzinfarkt gestorben ist bin ich geschockt. Ich kann es nicht glauben. Bin genauso erschrocken wie vor 2 Jahren als mein Schwager Peter so plötzlich am Herzinfarkt verstorben ist, so aus der Fülle des Lebens heraus. Lag einfach mit 58 Jahren tot im Bett als meine Zwillingsschwester von der Arbeit kam.
Kalte Schnauze á la Helmut" werden wir Rosalies Kuchen in Zukunft nennen wenn unser neues Büdchen steht, als liebe Erinnerung an Helmut (Foto S.74 oben).

---

[5] Der Prophet, Kalil Gilbran

**Helmut 2011**

**Rolf bei der Arbeit**

**Spätsommerfest 2011**

Am Dienstag, den 20. September 2011 berichtet der Kölner Stadt-Anzeiger folgendes:

*„Sommerfest mit Schiffstaufe*
*Zollstock. Es wird wahrscheinlich das letzte Sommerfest sein das am 24. September ab 15 Uhr am „Notbüdchen" am Kalscheurer Weiher am Oberer Komarweg stattfindet. Das „Notbüdchen" ist nur eine Übergangslösung. Der Bauantrag für einen neuen Kiosk hat der Verein „Unser Kalscheurer Weiher" bereits gestellt. Zur Feier des Tages wird dort der „Kalscheurer Weiher Song" von Carolina Brauckmann uraufgeführt. Am beschaulichen Weiher wird sich auch der Sänger und Gitarrist Martin Quast ab 17 Uhr musikalisch vorstellen. Und eine Schiffstaufe findet statt: Vier renovierte Boote werden zu Wasser gelassen."* (KstA, 20.9.2011, (süs))

Wir haben dieses Jahr lange mit unserem Sommerfest gewartet. Anfangs hatten wir geglaubt, vielleicht die Eröffnung unseres neuen Holzhauses feiern zu können und daraus sollte dann ein großes Fest werden. Nach und nach mussten wir einsehen, dass es wohl auch in diesem Jahr nichts mehr wird aus dem Bau unseres neuen Hauses. Dann entschließen sich die Grünen bei uns ihr Spätsommerfest zu feiern und das ist auch für uns ein guter Anlass endlich doch noch ein Fest zu machen (Foto S.79 unten).
Carolina Brauckmann will ihren Kalscheurer Weiher Song vorstellen und darüber freue ich mich ganz besonders (Foto S.79 rechts oben). Sie hat uns diesen Song gewidmet und wir haben ihn auf unsere Internetseite ge-

stellt. Das ist eine gute Unterstützung für uns. Es macht echt Freude das Lied zu hören und die stimmungsvollen Fotos zu sehen. Also, einfach mal reinschauen (www.kalscheurer-weiher.de)! Martin Quast mit seiner Gitarre spielt und singt sich an diesem Abend in die Herzen der Gäste und darf eigentlich gar nicht mehr aufhören zu spielen (Foto S. 79 links oben). MUSIC IS THE BEST, diese Stimmung überträgt sich auf das ganze Publikum am See.

Martin erzählt mir, dass es ihm großen Spaß gemacht hat am Weiher zu spielen. Das Publikum ist begeistert, das Wetter an diesem Spätsommertag einfach großartig. Alle fühlen sich wohl, Große und Kleine. Das Kinderprogramm, das von Helga und Brigitte organisiert worden ist macht den Kindern viel Spaß. Der drei Jahre alte Sohn meiner Nachbarin wollte den Holzstock, den er selbst im Wald gesucht und bemalt hatte, unbedingt mit ins Bett nehmen. Wir bleiben noch lange im Dunkeln am See und lassen diesen intensiven Abend ganz langsam ausklingen.

Nach einem solchen Ereignis wird uns aber auch wieder klar, dass sich an der Arbeitssituation vom Bauwagen aus dringend etwas ändern muss. So kann es auf Dauer nicht weitergehen! Unsere Gäste sagen uns zwar immer wieder, dass sie das Notbüdchen so schön und urig finden. Sie möchten am liebsten, dass es so bleibt. Oft hören wir, dass es doch gar nicht nötig sei, etwas anderes hier hinzusetzen. Ja, auch wir haben mittlerweile dieses Notbüdchen richtig lieb gewonnen! Es kann sich aber, so glaube ich, kein Außenstehender vorstellen, wie schwierig das Arbeiten unter derart begrenzten Möglichkeiten in Wirklichkeit ist. Allein die Tatsache, dass in den Stoßzeiten drei Personen notwendig sind um den Einsatz zu bewerk-

stelligen, zeigt wie wenig Platz wir beim Arbeiten haben. An Feiertagen oder bei Festen, wie dem obigen, sieht es in etwa wie folgt aus; zu dritt auf so engem Raum, das geht nur als eingespieltes Team. Einer steht sozusagen die ganze Zeit in der Ecke an den beiden Gaskochern. Er hat die Aufgabe ununterbrochen Wasser zu kochen, Kaffee und Tee aufzuschütten. Dazwischen müssen Getränke, Suppe und Wurst erwärmt werden. Die Person dazwischen nimmt jede Bestellung an und reicht die Dinge nach draußen weiter. Die dritte Person ist mit den kalten Getränken beschäftigt und mit der Kuchenausgabe. Das Thema, Getränke kühlen, ist ein sehr anstrengendes und arbeitsintensives. Denn, da wir keinen Strom haben, kühlen wir alles mit Crushed Eis. Das wiederum bedeutet, dass fast jeden Tag einer zum Handelshof fahren muss um Crushed Eis zu besorgen. Ich wechsele mich mit Rosalie ab, die eine zusätzliche Gefriertruhe zur Verfügung hat, wo wir das Eis zwischenlagern können. So sind wir in der Lage, in begrenzter Menge, einen kleinen Vorrat von Eis anzuschaffen. Es ist gar nicht so leicht diese Eissäcke zu transportieren, denn es handelt sich um 5 kg Säcke. Wenn ich also im Handelshof 4 Säcke mitgenommen habe, habe ich einiges zu schleppen bis ich sie an verschiedenen Orten gut untergebracht habe. Bei heißem Wetter brauchen wir bis zu vier Säcke Chrushed Eis pro Einsatz.
Aber mit dieser Aktion ist das Thema „kühlen der Getränke" noch lange nicht erledigt. Die Getränke werden in Styropor-Kisten gekühlt, diese wiederum stehen in größeren Plastik-Kisten, damit das geschmolzene Eis nicht in den Bauwagen läuft. Wir müssen jeden Tag die Kisten vom geschmolzenen Eis befreien und säubern. Das ist sehr aufwendig. Der Dienstantritt am Weiher

fängt also damit an, dass zuerst alle Flaschen aus den Kisten rausgenommen werden. Dann müssen die Styropor-Kisten hochgehoben und raus balanciert werden. Dabei muss man darauf achten, dass einem das getaute Eiswasser nicht über die Kleidung läuft. Die Kisten sind schwer. Nachdem die Kisten gesäubert sind müssen auch die Plastik-Kisten darunter geleert und gesäubert werden. Drei bis 4 Kisten sind je nach Betrieb im Einsatz. Erst wenn all das geschehen ist, können wir anfangen Kaffee zu kochen, Stühle und Sonnenschirme rauszustellen. Wir bringen meistens schon eine Kanne Kaffee mit, damit die ersten Gäste nicht zu lange auf ihren Kaffee warten müssen. Dazwischen werden Tische abgewischt und Aschenbecher gesäubert.

Nicht zuletzt muss auch das Dixi-Clo in Ordnung gehalten und das Wasser zum Hände waschen am kleinen Tank neben der Toilette aufgefüllt werden. Oft hören wir von den Besuchern des Weihers, dass sie noch nie ein so sauberes Dixi-Clo gesehen haben. Die Benutzung der Toilette ist für alle Besucher des Weihers möglich und kostenfrei. Auch das ist nur möglich, weil bis heute alle diese Arbeiten von uns „ehrenamtlich" erledigt werden.

Wir verfolgen nach wie vor keine wirtschaftlichen Interessen. Die Gelder für den Bau des neuen Holzhauses sind bis März 2012 noch nicht durch Spenden zusammengekommen. Wir haben uns darauf geeinigt, dass die Vorstandsmitglieder ein zinsloses Darlehen für den Bau des Hauses zur Verfügung stellen.

**Martin Quast u. Carolina Brauckmann**

**Sommerfest 2011**

## Was lange währt wird endlich gut

**Nach 7 Monaten erhalten wir endlich die Baugenehmigung!**

Trotz allem bleibt die Sorge wie es weitergeht. Es geht auf den Herbst zu und wir haben noch keine Ahnung wann die Baugenehmigung erteilt wird und ob nicht doch noch zu guter Letzt irgendetwas dazwischen kommt. Außerdem sollte vor dem Wintereinbruch der Aushub für die Tanks gemacht werden und auch der Untergrund für unser neues Holzhaus. Dafür muss unser Notbüdchen in die Mitte des Pachtgeländes versetzt werden.

Und dann ist es soweit, am 28. September 2011 räumen wir das Notbüdchen aus. Die Aktion muss an einem Tag erledigt sein. Vormittags räumen die weiblichen Helferinnen alles aus und packen es in Kisten, nachmittags kommt Dietrich mit dem Traktor und die männlichen Helfer setzen den Bauwagen in die Mitte des Pachtgeländes. Es ist ein herrlicher Sonnentag. Abends wird dann alles wieder ausgepackt und eingeräumt. Der Umzug ist passiert und eigentlich könnte es los gehen mit den Arbeiten, die die Stadt sich vorgenommen hat. Aber wir warten und warten, das sind wir ja schon gewohnt! Die Hitze an der Stelle wo der Wagen jetzt steht ist teilweise unerträglich. Damit hatte ich nicht gerechnet. Wenn es an dem früheren Standort des Wagens oft sehr kühl war, so kann man es jetzt an heißen Tagen kaum im Wagen aushalten. Wenn dann noch Feiertagsbetrieb herrscht mit vielen Besuchern und entsprechend viel zusätzlicher Hitze durch den Betrieb der Gaskocher, dann ist es schwer auszuhalten. So an dem Feiertag, Montag, den 3. Oktober 2011. Für mich ist es der heißeste Tag des Jahres. An diesem Tag öffnen wir das Notbüdchen um 11.30 Uhr. Das schöne Wetter hat viele Spaziergänger zum See gelockt. Bereits in der ersten Stunde waren alle Boote auf dem Wasser. Die ersten 2 Bleche Kuchen, die Rosalie gebacken hatte, waren schon zum Frühstück verzehrt. Eigentlich war der Kuchen zum Nachmittagskaffee gedacht, aber als die Besucher den frischen Kuchen sahen, gab es kein Halten mehr. Die Hitze im Wagen ist unerträglich und auf einmal wird mir schwindelig. Erwin löst mich ab und ich mache eine Pause im Schatten. Ein netter Mann setzt sich zu mir und wir haben ein interessantes Gespräch. Ich trinke viel Wasser und diese Pause tut mir gut. Da wir dieses Jahr keinen richtigen Sommer hatten, war mir bisher eine solche Situation beim Arbeiten erspart geblieben. Rosalie, die früher schon bei Siggi und Andrea im alten Kiosk aushalf, hat mir erzählt wie heiß und anstrengend die Arbeit im Sommer im Kiosk ist. Die Aussicht vom Wagen an dieser neuen Stelle ist zwar ganz besonders schön, und auch die Tatsache, dass wir jetzt mitten im Geschehen sind, aber dieser Hitze ausgesetzt zu sein ist wenig verlockend. Daher wird es mir sicher nicht schwer fallen wieder an den alten Platz zurückzukehren.

Wir warten immer noch auf die Baugenehmigung! Vom Versetzen des Wagens bis zur Erteilung der Genehmigung werden noch ca. 6 Wochen vergehen. Und dann geht auf einmal alles ganz schnell. Scheint die Zeit zwischendurch still gestanden zu haben, so überschlagen sich auf einmal die Ereignisse. Nach 7 langen Monaten wird die Baugenehmigung am 7. November 2011 endlich erteilt. In einer rasanten Schnelligkeit laufen dann die Ar-

beiten über die Bühne. Es wird vermessen, versetzt, die Bagger rücken an und es herrscht ein geschäftiges Treiben. Im Nu ist der Boden ausgehoben und der Tank fürs Abwasser eingelassen. (siehe Fotos S. 84). Am 28. November 2011 ist bereits die Fläche verlegt, auf der im Frühling 2012 unser Holzhaus stehen soll. In nur 3 Wochen ist alles passiert worauf wir seit 7 Monaten gewartet haben. Eigentlich könnten wir jetzt mit dem Bauen anfangen. Aber der Winter steht vor der Tür und darauf sind wir nun nicht mehr vorbereitet. Für uns ist klar, dass wir im Frühling 2012 mit dem Bau unseres Holzhauses beginnen wollen.
Dazwischen findet am 12. November 2011 zum 2. Mal das Sankt Martinsfest am Kalscheurer Weiher statt.

Bei der Vereinsversammlung am 8. November lerne ich 3 neue Mitglieder kennen, zwei Männer und eine Frau. Sie sind zwar schon seit einigen Monaten bei uns Mitglieder um uns zu unterstützen, aber bisher waren sie noch nicht bei unserer Versammlung. Wir freuen uns sehr über Zuwachs. So verpflichtet sich die Frau, sie heißt Martina, spontan, bei unserer Sankt Martinsfeier am See zu helfen. Als ich mich dann am nächsten Samstag zum Arbeiten am See einfinde, ist sie bereits bei der Arbeit. Das ist eher selten, das eine Person direkt Nägel mit Köpfen macht und ihr Angebot zu helfen direkt in die Tat umsetzt. Martina ist mit Ulrike im Notbüdchen und macht ihre Sache so gut, als hätte sie nie etwas anderes getan. Es macht Spaß ihr bei der Arbeit zuzusehen. Für mich ist die Erfahrung immer wieder bereichernd, zu sehen wie Menschen aus den unterschiedlichsten Berufen echte Freude daran haben uns am Kiosk zu unterstützen. Ich kann das besonders gut verstehen, denn ich liebe es im-

mer noch dort mit der Natur und den Menschen zusammen zu sein.
Dieser Tag ist wieder perfekt so wie er ist. Mustafa und Günter machen am frühen Nachmittag zwei Feuerstellen an. Helga und ihre Freundin basteln mit den Kindern kleine Enten aus Papier. Brigitte hat die Martinslieder kopiert und so singen Jung und Alt gemeinsam Martinslieder. Dazwischen hat Rosi ein Interview mit zwei Frauen vom Filmhaus die einen Film über den Kalscheurer Weiher machen wollen. Als es dunkel wird ziehen wir mit Kurt, der Saxophon spielt, und 2 anderen Musikern um den See. Die Feuerstellen am Ufer geben ein warmes Licht. Da wir keinen Mann als Sankt Martin auftreiben konnten, ist Rosalie unser Sankt Martin. Brigitte hat das Kostüm aus dem Waldkindergarten ausgeliehen. Rosi reitet auf einem weißen Pferd. Sie hat mir verraten, dass sie 30 Jahre nicht mehr geritten ist. Aber für uns tut sie es jetzt. In der Dunkelheit mit all den bunten Fackeln und der Musik ist es eine ganz außergewöhnlich schöne Stimmung um dem Kalscheurer Weiher. Da sich auf dem Weiher Boote mit Fackeln befinden, haben wir mit Sicherheit auch in diesem Jahr wieder den Weiher zum Leuchten gebracht. Dem tut auch die Baustelle keinen Abbruch, die abgetrennt in der Dunkelheit ruht, als wolle sie sagen: „Es geht endlich weiter!"

Fotos von den Bauarbeiten November 2011

# Spenden erwünscht

**Alle Mitglieder sind wichtig, aber manche noch ein bisschen wichtiger!**

Es gibt ein „Spendenhäuschen", das yellow submarine spielt! Dieses „Spendenhäuschen" befindet sich, wenn man davor steht, links am Notbüdchen. Wenn die Besucher des Weihers einen Geldschein in den dafür vorgesehenen Schlitz einschieben und dabei die Drehkurbel betätigen, erklingt die Melodie. Außerdem können sie auch Hartgeld oben in den Schornstein einwerfen. Günter hatte die Idee für dieses Haus. Es ist ein Modell unseres zukünftigen Holzhauses. Ich hoffe also, dass oft die Melodie der Beatles erklingen wird, um Geld für unseren Bau zusammen zu bekommen. Bei den Kindern ist es sehr beliebt, einfach nur so die Drehorgel zu betätigen. Sie lieben es, diese Melodie so oft wie möglich zu hören.

Aber nicht nur die Entwicklung dieses „Spendenhäuschen" haben wir Günter zu verdanken; die gesamte künstlerische und planerische Arbeit für unser Projekt hat Günter entwickelt. Er hatte die Idee unseres neuen Holzhauses und konnte aufgrund seiner fachlichen Möglichkeiten gleich die Zeichnungen dazu vorlegen. Daher ist es ein absoluter Segen für uns, dass er zu unserem Team gehört. Ohne ihn wären wir nie so weit gekommen. Es fällt mir immer schwer, eine Person ganz besonders hervorzuheben, da ich nicht möchte, dass sich andere benachteiligt fühlen. Jeder an seinem Platz ist wichtig und selbstverständlich geben alle ihr Bestes. Aber bei Günter ist es noch etwas anderes, daher ist es mir einfach nicht möglich ihn nicht besonders zu erwähnen. Ich glaube es hängt damit zusammen, dass er so unendlich viele kreative Fähigkeiten besitzt. Dazu ein fundiertes handwerkliches und künstlerisches Können, das bei unserem Seeprojekt so wunderbar zum Einsatz kommen kann.

## Der Tod von Siggi

**Ende, Anfang und Neubeginn!**

Ich verbringe den Winter auf Lanzarote. Habe mir meinen Wunsch erfüllt, den Winter in der Wärme dieser Vulkaninsel zu erleben. Rosalie kommt mich im Januar 2012 besuchen. Wir lassen es uns gut gehen. Dann erzählt sie mir, für mich ganz unerwartet, von Siggis Tod. Ich bin total erschrocken. Sie hatte mir am Telefon von Köln aus keine schlechten Nachrichten in den Urlaub schicken wollen. Da ich schon seit November 2011 nicht mehr in Köln bin waren die Geschehnisse am Weiher weit weg. Als Siggi vor ein paar Monaten vom Tod von Helmut erfuhr sagte er spontan: „Ich bin der Nächste!" Das sagt sich so leicht, einfach nur ein Spruch, dachte ich. Jetzt ist dieser Spruch Wirklichkeit geworden. Die Geschichte, die Rosi mir dann erzählt tut mir unendlich leid. Es war schwierig mit Siggi seit dem die Stadt Köln ihm und Andrea das Pachtverhältnis am Weiher gekündigt hatte. Er hat immer versucht alles zum Besten zu regeln und konnte die Kündigung nicht begreifen. Auch er liebte diesen Platz in der Natur. Nachdem wir die Genehmigung für das Notbüdchen erhalten hatten, war Siggi oft nicht gut drauf. Wenn er zu mir an den Kiosk kam, war es oft nicht einfach ihm zuzuhören. Manchmal gelang es mir aber auch ihn aufzumuntern. Er war sehr hilfsbereit und hat uns gerne sein handwerkliches Können zur Verfügung gestellt. Wenn Rosi ihn anrief, weil wir seine Hilfe brauchten oder etwas repariert werden musste, war er sofort zur Stelle. Wenn Siggi allerdings verbittert war, dann konnte ich ihn nicht erreichen. Er empfand die Kündigung von Seiten der Stadt Köln einfach als ungerecht. Seine Darstellung der Geschichte musste ich mir immer wieder anhören. Dann war es schwer für mich seine negativen Äußerungen auszuhalten. An solchen Tagen konnte die schöne Stimmung am Weiher leicht umkippen und es machte dann keinen Spaß dort zu sein.

Wenn ich an Siggi denke, dann denke ich gerne an einen schönen Sonntagmorgen im Mai 2011 zurück. Ich bin früh morgens schon am Weiher unterwegs zum walken. Danach frühstücken am See. Rosalie hat Dienst und Rolf (S. Foto S. 74 unten) kümmert sich um die Boote. Gerne sind die Besucher des Sees sonntags früh am Weiher. Väter mit Kindern, die schon mal eine Runde Boot fahren wollen oder auch die Läufer und Jogger. Ab 11:00 Uhr hat der Kiosk geöffnet und es gibt Kaffee und Kuchen. Es ist übrigens erstaunlich wie gerne morgens Kuchen zum Frühstück gegessen wird. Auch Siggi ist an diesem Morgen dort. Gut gelaunt sitzt er in der Morgensonne und erzählt Geschichten von früher (Foto S.91 oben).
An diesen Morgen will ich mich gerne erinnern, so zeitlos und fröhlich, ein unbeschwerter Frühlingsmorgen am See. Für mich hat Siggi einen festen Platz in den Herzen der Menschen vom Kalscheurer Weiher!

## Februar 2012; es geht weiter oder auch nicht

**Bald könnte ich den Glauben an die gute Sache verlieren!**

Während ich diese Zeilen schreibe bin ich auf der Feuerinsel Lanzarote. Wir schreiben den 3. Februar 2012. Bei meinem heutigen Telefonat über Skype mit Rosalie erfuhr ich, dass der Weiher zugefroren ist. Dienst ist nur am Wochenende. Der Baubeginn ist auf März 2012 angesetzt, sofern das Wetter es zulässt. Ich merke, dass ich langsam diesem Termin entgegen fiebere. Trotz bestem Wetter auf dieser, für mich ganz besonderen Insel, habe ich heute Heimweh nach Köln und nach dem Kalscheurer Weiher. Die Vorstellung, dass alle bei klirrender Kälte an einem wärmenden Feuer sitzen, macht mich richtig neidisch. Ganz besonders freue ich mich natürlich auf unser neues Holzhaus und den Frühling am See.
Aber es sollten noch 5 ½ Monate vergehen bis endlich mit dem Bau begonnen werden kann.

Seit Ende Februar 2012 bin ich zurück in Köln und wir warten gemeinsam auf den Frühling und den Beginn der Bauarbeiten. Das Wetter muss mitspielen sonst kann der Bau nicht beginnen. Inzwischen ist der Untergrund gemacht und eigentlich könnte es jetzt endlich los gehen. Aber dann kommt wieder einmal eine Verzögerung von Seiten der Stadt Köln. Wir dachten, nun seien endlich alle Dinge auf den Weg gebracht! Dann erhalten wir erneut einen Brief mit der Nachricht, dass nun wiederum 4 Ämter über unseren erweiterten Bauantrag zur Nutzungsänderung gefragt werden müssen. Bei der Genehmigung des Bauantrages im November 2011 hatte uns niemand etwas davon gesagt. Jetzt, wo endlich der Bau beginnen kann, muss auf einmal darüber entschieden werden, dass wir für die Außengastronomie einen gesonderten Bauantrag stellen müssen. Die Bestuhlung war allerdings schon in den Plan eingezeichnet der unserem Baugenehmigungsantrag an die Stadt zur Genehmigung eines Kiosks, beigefügt worden war. Er wurde auch von der Behörde abgestempelt und zur Kenntnis genommen. Jetzt ca. 5 Monate später muss erneut im Rahmen der Konzessionsbearbeitung über diesen Antrag nochmals gesondert entschieden werden. Für uns bedeutet das eine erneute Verzögerung von mindestens 4 Wochen, bis alle Behörden ihre Zustimmung gegeben haben. Das Holz für unseren Kiosk ist gekauft und liegt in einer Zimmerei zum Zusammenbau bereit. Wir wollen unbedingt jetzt anfangen, damit nicht wieder Frühling und Sommer dahin gehen, ohne dass etwas am Weiher passiert. Die Gäste werden ungeduldig und können unsere ständigen Erklärungen nicht mehr verstehen. Aber wir verstehen es ja selber nicht. Wie sollen wir es dann glaubhaft an die Besucher des Sees weitergeben. Der Vorstand hat in seiner letzten Sitzung beschlossen, dass wir auf jeden Fall jetzt mit dem Bau des neuen Kiosks beginnen. Schlimmstenfalls wird es keine Außengastronomie geben. Und eins ist absolut klar, wenn das der Fall sein würde, wird erneut eine Bürgerversammlung einberufen werden. Wir haben uns nun 2 Jahre geduldig und mit viel Engagement auf alle Anforderungen der Stadt eingelassen und diese erfüllt. Es sieht immer wieder so aus, als wäre alles klar und kurz vor der Entscheidung zu unseren Gunsten. Aber im letzten Augenblick gibt es dann immer wieder Verzögerungen; was steckt dahinter fragen wir uns mittlerweile. Wir haben alle Bedingungen erfüllt, die uns auferlegt worden sind. Die Besucher stellen mittlerweile die wüstesten Spekulationen an, was das alles für Hintergründe haben könnte. Wir bleiben indes optimistisch, machen unsere Arbeit am Notbüdchen weiter und halten die Stellung.

**Siggi**

**Sommer 2012**

Der Sommer lässt indes auf sich warten. Ich finde eine Tagebucheintragung vom 21. Mai 2012 die ich während meiner Arbeit am See gemacht habe:

„Leichter Regen am See, ich schaue aus der Klappe des Bauwagens und genieße die Ruhe. Ab und zu wird diese durchdrungen von den Rufen der Wasservögel. 6 Schwäne bewegen sich auf meinen Bildausschnitt zu. Wasser, Enten die miteinander streiten. 2 Frauen mit ihren Walkingstöcken und ihren Hunden sind um den See unterwegs. Ich höre das Klappern der Stöcke. Ein Buchfink hüpft vor dem Bildausschnitt hin und her, ich kann ihn nur sehen, wenn ich mich aus der Klappe hinauslehne. Etwas entfernt sitzen einige Weiherbesucher auf einer Bank. Auf dem Pachtgelände selbst sind nur 3 Besucher, die sich vom leichten Regen nicht abschrecken lassen."(Foto S.91 unten)

Ich habe Zeit zum Nachdenken und mache mir Sorgen; wann werden wir endlich alle Genehmigungen erhalten haben? Wird es diesen Sommer endlich klappen? Können wir tatsächlich bald mit dem Bau des neuen Holzhauses beginnen? In diesem Sommer noch Richtfest feiern? Fragen über Fragen, die wir vom Kiosk-Team den Menschen am See beantworten sollen.

# Richtfest am See

## Alles wird gut!

Und dann ist auf einmal der 16. Juli 2012. Sonntags komme ich von meiner 9-tägigen Pilgerreise Köln/Trier zurück und bin voller Freude. Montags habe ich Dienst. Mein Pilgern in der Eifel fand zum größten Teil im Regen statt. Und nun geht es in Köln mit dem Regen weiter. 9 Tage hatte ich keinen Kontakt zu unseren Mitgliedern vom See. Ich wusste zwar, dass an dem Wochenende 14./15. Juli die Holzteile unseres Hauses in einer Zimmerei zusammen gebaut werden sollten, aber so recht glaube ich noch nicht daran, dass jetzt alles klappt. Abends rufe ich bei Rosalie an und sage, dass wir doch wohl bei diesem Wetter nicht wirklich aufbauen können. Aber Rosalie zerstreut meine Bedenken und bestätigt, dass am Montag, den 16. Juli morgens um 8.00 Uhr mit dem Aufbau begonnen wird. Ein Statiker sei vor Ort und das Baugerüst sei aufgebaut. Ich parke an diesem Tag mein Auto auf dem Parkplatz und gehe zu Fuß in Richtung Weiher. Ich unterhalte mich mit einem Gast, der gerade mit seinem Hund eine Runde dreht. Wir beide schauen erstaunt in Richtung des Pachtgeländes. Denn als wir nur wenige Schritte vom Parkplatz entfernt sind und an das Weiher Ufer treten, sehen wir das komplette Holzhaus aufgebaut dort stehen. Es ist kurz vor 11.00 Uhr. Ich kann es nicht glauben, der Baubeginn war vor 3 Stunden. All das lange Warten hat sich gelohnt, nun steht bereits der Rohbau. Meine Zuversicht wächst, dass wir noch diesen Sommer in das neue Haus umziehen können.

Am See ist viel los. Unsere Vorsitzende hat die Presse informiert. So ist ein Mitarbeiter vom WDR, Lokalzeit vor Ort, Frau Süsser vom Stadt-Anzeiger und Frau Sprünken von der Rundschau. Das Wetter ist heute absolut in Ordnung und die vielen ehrenamtlichen Helfer kommen gut voran. Es ist eine Freude zuzusehen, wie unser Haus wächst. Günter hat sich ein gutes Team für den Aufbau zusammengestellt. Er hat ein großes Zelt aufgebaut und wird dort übernachten, solange das Haus nicht abzuschließen ist.

Und dann ist es soweit, das, was ich im Laufe der Zeit nicht mehr für möglich hielt, findet statt und die Freude bei Helfern und Besuchern des Weihers ist riesig groß (Foto S.97 oben).
Am 21. Juli 2012 feiern wir tatsächlich Richtfest und haben inzwischen sehr viel positive Presse. So erscheint nach dem Richtfest am 25. Juli 2012 der folgende Artikel im Kölner Wochenspiegel:

*„Richtfest am Weiher*

***Zollstock (Sb).*** *„Wir sind glücklich, dass der Kiosk so schön wird und freuen uns riesig, dass er den Besuchern gefällt", erklärt Ulrike Bojahr beim Richtfest für den neuen Kiosk am Kalscheurer Weiher. Sie ist Vorsitzende des Vereins „Unser Kalscheurer Weiher e.V.", der das Büdchen in Eigenregie errichtet. Die Wände, Dachbalken und Latten für das 32 Quadratmeter große Holzhaus wurden geschnitten angeliefert. Entworfen hat den Kiosk Vereinsmitglied und Museumsgestalter Günter Marquardt, die Konstruktionspläne erstellte Zimmermannslehrling Philippe Raviolo. Den Aufbau übernahmen Schreinergeselle Tobias Buchale und Zimmermannslehrling Luis Herrmann. Dessen Chef, Stèphane Erulin, hatte die Pläne kontrolliert, seine Werkstatt bereitgestellt und beim Aufbau geholfen. Bis September sollen auch die Isolierung, Zwischenwände, Fenster und Toiletten fertig sein."*

Der Tag des Richtfestes selber war für die ehrenamtlichen Helfer ein Tag mit sehr viel Arbeit und Freude. Ich hatte Dienst am Notbüdchen und viel zu tun. Bei bestem Wetter waren viele Gäste gekommen. Sie alle wollten bei diesem Ereignis dabei sein. Schon so lange hatten sie auf diesen Augenblick gewartet. Wir hatten einen Richtkranz am neuen Holzhaus angebracht. Helga hatte extra zu diesem Anlass einen großen Luftballon mit unserem Vereinslogo anfertigen lassen.

Trotz aller Freude müssen wir auch an einem solchen Tag unsere Gäste darauf hinweisen, dass wir nach wie vor auf Spenden dringend angewiesen sind. Die Gelder für den endgültigen Ausbau unseres neuen Holzhauses sind, trotz einiger zinsloser Darlehen, noch nicht zusammen (Foto S. 97 unten). Gegen Mittag schloss Ulrike Bojahr das Notbüdchen, damit alle am Richtfest teilnehmen konnten. Dafür waren wir ihr sehr dankbar, da die Kiosk-Besatzung ansonsten nichts von dem feierlichen Moment mitbekommen hätte. Zuerst hielt Ulrike Bojahr eine Rede und danach brachte Luis, der Zimmermannslehrling, einen Zimmermannsspruch nach alter Tradition aus. Dann wurden Nägel ins Dach eingeschlagen. Zum Schluss trug Heide ihr Gedicht vor, das sie extra für dieses Ereignis gemacht hat:

**Richtfest Juli 2012**

**Spenden erwünscht**

Gedicht von Heide:

*Richtfestpoem (für den Hausgebrauch)*
*Geschafft! – Der Kiosk steht;*
*noch ist nichts drinnen.*
*Klar! – man arbeitet von außen nach innen.*
*Doch was hier steht – es ist aus Holz –*
*erfüllt uns ganz zurecht mit Stolz.*
*Das kleine Haus den Weiher schmückt;*
*das Design, find' ich, ist gut geglückt.*

*Alles begann vor zig, zig Tagen*
*zur Winterzeit mit Bollerwagen*
*als man zur kalten Jahreszeit*
*heiße Getränke hielt bereit,*
*nicht nur um leiblichen Bedarf zu decken,*
*nein, um Interesse auch zu wecken*
*für die höchst löbliche Idee*
*vom neuen Kiosk hier am See.*

*Man kam mit Gleichgesinnten überein,*
*und bald darauf gab's den Verein.*
*Die 1. Hürde war genommen;*
*die zweite wurde schnell erklommen.*
*Schnell musste ein Notbüdchen her,*
*ein Bauwagen wurde es, der*
*mit rot/grünem Farbanstrich*
*sich in manche Herzen schlich.*
*Er war zwar putzig anzuschauen;*
*es gab jedoch zu wenig Raum;*
*es fehlte Strom und somit Licht,*
*auch Wasseranschluss gab es nicht.*
*Geplant war fast von vorn herein*

*ein richt'ger Kiosk muss es sein.*
*Sein Innenleben, gut durchdacht,*
*die Arbeit sicher leichter macht.*
*Man braucht kein Eis mehr anzuschleppen,*
*um kühl die Flaschen zu bedecken.*
*Der Entwurf war bald gemacht,*
*das Projekt auch auf den Weg gebracht.*
*Doch der Weg war lang und voller Dornen,*
*Anträge, Gesetze, Formulare, Normen.*
*Ein bürokratischer Marathon –*
*'ne Menge Puste braucht man schon.*
*Um zu erreichen unser Ziel,*
*gab's Arbeit für uns ziemlich viel.*
*Viele Köpfe, viele Hände*
*schafften so ein gutes Ende!*
*Was man als Einzelner nicht kann*
*uns nun in Teamarbeit gelang.*
*Zum Schluss ein Dank an alle Leute,*
*all die uns halfen noch bis heute,*
*wohlwollend uns zur Seite steh'n*
*und fördern unser Fortbesteh'n.*
*So stoßen wir nun alle Mann*
*auf eine gute Zukunft an!*

Ja, dem kann ich mich nur anschließen. Es wird jetzt mit Sicherheit noch einige Zeit vergehen, bis der endgültige Bau des neuen Kiosks abgeschlossen ist, aber es wird mit Sicherheit noch in diesem Jahr ein großes Einweihungsfest geben. So hoffen alle! (Anm.: Diese Hoffnung hat sich leider nicht erfüllt!)

Die Presse ist jedenfalls nach wie vor positiv an unserem Projekt interessiert. Alleine das ist für uns schon ein Er-

folg, wenn wir an die Skepsis der anfänglichen Berichterstattung im Jahre 2010 denken, als wir mit unseren Aktivitäten begonnen haben.
Der Artikel im Kölner Stadt-Anzeiger vom 31. Juli 2012, macht mir jedenfalls Freude:

**Wo sich Schwan und Gans gute Nacht sagen**
**Die Redaktion empfiehlt** *Am Kalscheurer Weiher geht es sehr idyllisch zu – Vereinsmitglieder betreiben ehrenamtlich den Kiosk und die Kahnstation*

*Von Ulrike Süsser*

**Zollstock** *Wenn die Glocke läutet, ist die Bockwurst fertig. „Ja, ich komme", ruft ein Ausflügler und holt sich den warmen Imbiss am Büdchen ab. Unkompliziert und locker geht es zu an der Kahnstation mit Büdchen – einem ehemaligen, rot angestrichenen Bauwagen – am beschaulichen Kalscheurer Weiher. Es ist oft viel los am Gewässer am Zollstocker Weg, nahe der Straße „Am Eifeltor", Ecke Militärring, vor allem an Wochenenden und bei schönem Wetter. Doch Gedränge gibt es hier nie. Am und um das Büdchen finden Spaziergänger, Jogger und Radfahrer immer einen Platz zum Entspannen – für eine kurze Auszeit, die auch ein wenig länger dauern kann.*
*Seit zwei Jahren betreibt der Bürgerverein „Unser Kalscheurer Weiher" den Verleih der Ruder- und Tretboote samt Kiosk. Moderat sind die Preise der Speisen und Getränke, die die Mitglieder des Vereins in ehrenamtlichem Engagement und im Schichtdienst verkaufen. Der Kuchen ist selbst gebacken. Getränke gibt es aus der Fla-*

sche, außer Kaffee natürlich, der dampft im Plastikbecher.

### Römische Grabstelle
*Bootfahren kostet für eine Stunde sieben Euro. Die ganze Familie passt in den Kahn, wenn's sein muss, auch noch der Hund. In der Mitte des Weihers befindet sich eine Biotop-Insel, die Ruderer und Tretbootfahrer von Nahem betrachten können. Mit etwas Glück erspähen sie dort einen Reiher oder ein paar Kormorane. Vor einiger Zeit lebten dort sogar Schildkröten.*

*Noch ist der rote Bauwagen der zentrale Anlaufpunkt, aber demnächst wird ein Holzkiosk fertig, den der Verein derzeit in Absprache mit der Stadtverwaltung baut. Die Vorstandsmitglieder haben eine erhebliche Summe für den Neubau einstweilen als Darlehen vorgestreckt. Jetzt werden Spenden gesammelt. Schön wird er, der Holzkiosk. Und doch sind einige Stammgäste traurig, dass das alte rote Büdchen mit dem nostalgischen Flair bald ausgemustert wird.*

*Auch auf den vielen Bänken, die rund um den 600 Meter langen und 200 Meter breiten Weiher aufgestellt sind, lassen sich Ausflügler gerne nieder. Andere spannen ihre Hängematte zwischen zwei Baumstämme. Oder lassen sich mit Kind, Hund und Decke mitten auf der Wiese oder unter einem der beeindruckend großen Bäume nieder. Picknick- und Grillfreunde stören sich nicht – Platz ist genug. Boule-Spielen ist ebenfalls möglich. „Wir verleihen am Büdchen die Kugeln", sagt Ulrike Bojahr vom Verein.*

*Eine Umrundung des Weihers lohnt sich unbedingt. Etwas abseits der Kahnstation hat sich eine Kolonne von*

*Kanadagänsen niedergelassen. Wer sich Zeit nimmt, kann ihnen oder der jungen Familie der Nilgänse beim Grasrupfen am Ufer zuschauen. Und wer an Geschichte interessiert ist, findet die römische Grabstelle im südöstlichen waldigen Uferbereich spannend.*
*„Wir haben hier auch Teichmuscheln im Weiher", sagt Uwe Bogenschütz, der in das Idyll regelrecht verliebt ist, wie er sagt, und hier häufig unterwegs ist. Vor allem die Abenddämmerung ist phänomenal, „rechts von der Insel verschwindet die Sonne", schwärmt er. Schon als Kind hat er hier gespielt. Heute spielt er dort immer noch, nämlich mit seinem Modellboot namens „Smaragd", das er ferngesteuert über das Wasser segeln lässt."*

Ja, Frau Süsser, das ist genau der Ort, für den wir uns ab Ende Dezember 2009/Anfang Januar 2010 so vehement eingesetzt haben. Diesen Ort wollten wir schützen und erhalten, und es ist uns bisher wunderbar gelungen. Ich freue mich daher sehr über diesen Artikel im Kölner Stadt-Anzeiger.

# Resümee

**und wichtige Voraussetzungen um Dinge zu verändern!**

Rückblickend ist klar, dass wir nicht da wären wo wir heute sind, nicht das erreicht hätten was wir bisher erreicht haben, wenn wir uns nicht engagiert hätten.
Wir alle sind zusammengewürfelt worden als eine bunte Mischung von Menschen die in diesem Viertel leben. Getragen waren wir von dem Wunsch, das Büdchen an diesem Platz in der Natur zu erhalten. Unsere Motive mögen unterschiedlich gewesen sein, aber eins hat uns alle verbunden, wir lieben diesen Ort und wollen ihn weiter als Naherholungsgebiet nutzen. Für viele ist es eine gute Möglichkeit direkt vor der Haustür soziale Kontakte zu pflegen und in der Natur zu sein. Es ist in etwa so, wie sich früher die Menschen auf einer Bank vor dem Haus oder einem kleinen Platz trafen, um Geselligkeit zu haben oder sich auszutauschen. Für mich war es interessant zu erleben, wie wichtig es allen Beteiligten war tätig zu werden aus einem inneren Bedürfnis heraus. Zu erleben wie aus Menschen aus völlig verschiedenen Lebensbereichen und mit unterschiedlichen Wunschansätzen auf einmal eine Gemeinschaft wird, die sich für etwas einsetzt, was ihr am Herzen liegt!
So sind wir alle in unsere Aufgaben hineingewachsen und hatten am Anfang keine Ahnung wo es uns hinführen wird. Ich glaube, das ist auch gut so, denn die Ausmaße dieser Aufgaben konnten wir zuerst nicht überblicken. So hatten Helga und Heide anfangs lediglich den Wunsch Flugblätter zu verteilen und wollten keine anderen Aufgaben übernehmen. Inzwischen macht es Helga Freude

ab und zu mit einer Freundin auch das Kinderprogramm zu übernehmen, da sie zu ihrer berufstätigen Zeit Erzieherin war. Heide, die immer glaubte nicht backen zu können, backt inzwischen die schönsten Kuchen. Immer wenn sie ängstlich meint, „diesmal sei der Kuchen aber wirklich misslungen" findet er besonders viel Anklang bei unseren Gästen.

Zusammengefunden haben wir uns aus Empörung, dass die selbstständige Existenz von Andrea und Siggi so leichtfertig zerstört wurde. Außerdem waren wir erschrocken darüber, dass die Bezirksregierung Entscheidungen fällt, ohne darüber nachzudenken, was das für Auswirkungen auf die zahlreichen Menschen hat, die in diesem Viertel leben. In einer Welt der Anonymität, in der es nur noch wenig Miteinander gibt, sollte ein lebendiger, sozialer Treffpunkt abgeschafft werden. Harro Schultze und Ottmar Lattorf haben dieser bunten Mischung von Menschen eine Struktur gegeben. Sie hatten das Wissen und die Kraft uns als Bürgerinitiative zu führen und zu einen. Dafür bin ich beiden sehr dankbar. Die Gruppe ist gewachsen und hat sich verändert. Die Anfangsaufregung hat sich bei den Menschen schnell gelegt. Viele von ihnen begleiten uns allerdings auch heute noch, und sei es nur durch ihre regelmäßigen Besuche am See. Wir wissen, dass diese Menschen ein Auge auf unser Projekt halten. Sie kennen unsere Geschichte und wissen wie alles begann. Die meisten freuen sich über unseren Erfolg. Wir hören immer wieder wie sehr es geschätzt wird, dass es das Büdchen am Weiher noch gibt.

Aus der Bürgerinitiative entstand unser Verein, es war sozusagen eine natürliche Weiterentwicklung.

Ja, so hat alles angefangen, und damit es nicht nur eine Idee im Kopf blieb war es wichtig die Bürgerversammlung einzuberufen. Hierbei hat uns Ottmar Lattorf den Weg bereitet, denn er ist Fachmann darin Dinge auf den Weg zu bringen. Die Bürgerversammlung war sehr wichtig um eine breitere Öffentlichkeit zu erreichen. Außerdem war sie wichtig um den Menschen eine Plattform zu geben, die ihrem Unmut über eine Ungerechtigkeit Ausdruck verleihen wollten.
*(s. Anhang 2; Auszug aus dem Flugblatt von NABIS von April/Mai 2010, von Ottmar Lattdorf „Was ist eine Bürgerversammlung)*

Danach war die Gründung des Vereins absolut notwendig um unseren Wunsch, das Büdchen in der Natur zu erhalten, in die Tat umzusetzen. Als Bürgerinitiative wäre es uns nicht möglich gewesen die Pacht bei der Stadt Köln zu beantragen. *(s. Anhang 3; Text von Ulrike Bojahr im Juni 2010; Unser Kalscheurer Weiher e.V. stellt sich vor)*

Ich schreibe das alles, um anderen Menschen Mut zu machen sich für ihre Rechte einzusetzen und nicht einfach alles hinzunehmen was um uns herum passiert. Wenn also in Eurer Umgebung, in Eurem Stadtteil oder wo auch immer, etwas geschieht, womit Ihr nicht einverstanden seid, dann wehrt Euch! Tut Euch zusammen und organisiert eine Bürgerversammlung und nutzt die entsprechenden Möglichkeiten.

Auf besondere Weise haben sich bei uns perfekt die richtigen Menschen zur rechten Zeit zusammen gefunden und unterstützt.

## Sonnenuntergang am Kalscheurer Weiher

**Denn das Gute liegt so nah!**

Ich habe mich entschlossen, mit dem Richtfest am Weiher die Geschichte einer Bürgerinitiative, aus der Sicht eines Mitgliedes, enden zu lassen. Selbstverständlich wäre es möglich jetzt weiterzuschreiben bis der vollständige Bau des neuen Kiosks abgeschlossen ist. Aber das gehört nicht mehr in *diese* Geschichte. Klar wäre es auch möglich mit dem Einweihungsfest des neuen Holzhauses zu enden. Aber darum geht es mir nicht! Es geht mir darum die Erlebnisse um und mit der Bürgerinitiative, der Gründung des Vereins und vor allem die Geschichten der Menschen die zu dieser Zeit am Kalscheurer Weiher präsent waren, festzuhalten. Für mich ist die Geschichte der Bürgerinitiative an dieser Stelle zu Ende. Was nicht bedeutet, dass wir nicht jederzeit uns wieder engagieren werden, wenn Dinge um uns herum geschehen, mit denen wir nicht einverstanden sein können. Für uns als „Unser Kalscheurer Weiher e.V." geht die Arbeit sowieso weiter. Wir freuen uns auf die Zeit nach der Fertigstellung des Holzhauses. Wir hoffen nämlich alle, dass wir dann endlich mehr Zeit haben werden, um uns um unsere wirklichen Ziele besser kümmern zu können. Diese sind, Landschaftspflege und Naturschutz etc. Ja, es gibt viel zu tun!

Ich selber möchte nicht vergessen, wie und warum ich überhaupt in diese Geschichte geraten bin. Für mich ist das der wichtigste Punkt. Ich bin nämlich in diese Geschichte geraten aus Liebe zu diesem ganz besonderen Stückchen Erde in der Natur direkt vor meiner Haustüre.

Daher gibt es auch keinen Anfang und kein Ende, denn es gehört alles zusammen.

Und so sitze ich wieder einmal am Weiher in absoluter Ruhe. Der Tag neigt sich und es sind nur ganz wenige Menschen unterwegs. In der Ferne höre ich leise den Verkehr von der nahe gelegenen Autobahn. Mich stören diese Geräusche nicht, sie sind wie ein dahin fließender Strom. Das Licht hat sich langsam verändert und die Sonne geht allmählich unter. Der Himmel ist rot durchzogen mit zwischendurch dramatisch dunklen, flockigen Wolken. Ein paar Schwäne gleiten majestätisch durch die Luft und landen sanft auf dem See. Eigentlich habe ich meinen Dienst beendet und könnte nach Hause gehen. Aber diese Stimmung ist so angenehm und schön, dass ich einfach sitzen bleibe und genieße. Inzwischen ist es kühl geworden, ich ziehe mir eine Jacke über und erlebe diesen immer wieder phantastischen Sonnenuntergang. Ich bleibe sitzen bis es völlig dunkel geworden ist. Was gibt es schöneres als den Frieden eines solchen abends mit allen Sinnen wahrzunehmen. Da spielt es keine Rolle, ob ich in Tunesien, auf Lanzarote oder einfach in Zollstock bin. Ich bin glücklich so wie es gerade ist. Sonnenuntergang am Kalscheurer Weiher, denn das Gute liegt so nah! Und ja, wir wollen es weiter achten und schützen, damit es uns allen noch lange erhalten bleibt.

Sonnenuntergang am Kalscheurer Weiher - Denn das Gute liegt so nah –

**Nachtrag zur Geschichte**

Da ich seit meiner Kindheit Tagebuch schreibe wurden auch die Ereignisse in der Zeit der Bürgerinitiative und der Gründung des Kalscheurer Weiher e.V. von mir niedergeschrieben. Im Laufe der Zeit entstand die Idee, die Geschichte als solche aufzuschreiben. Bei einem Treffen mit Roland Reichel (Anm. RR Verlag) unterhielten wir uns über den Kalscheurer Weiher und die Ereignisse der letzten Zeit und er sagte mir, dass er daran denke, ein Buch über den Kalscheurer Weiher zu veröffentlichen. Spontan erzählte ich ihm, dass ich bereits an einer solchen Geschichte arbeite. Dieses Gespräch fand im Herbst 2011 statt, kurz vor meiner Abreise zu einem drei monatigem Aufenthalt auf Lanzarote. In diesen drei Monaten habe ich dann die Geschichte der Bürgerinitiative und des Vereins fertig geschrieben. Hierbei habe ich mit meinen Tagebuchaufzeichnungen, Flyern des Vereins und Zeitungsartikeln gearbeitet. Nach meiner Rückkehr im Februar 2012 gab es ein Treffen mit Roland in dessen Verlauf wir feststellen mussten, dass unsere Vorstellungen bezüglich des Buches sehr auseinander gingen. So hatte Roland eher die Vorstellung eine historische Geschichte über die Entwicklung am Kalscheurer Weiher zu schreiben, bei der die Geschichte der Bürgerinitiative nur einen Anteil haben sollte. Für mich war es aber wichtig, dass die Ereignisse der letzten 2 ½ Jahre seit dem Beginn der Bürgerinitiative und der Gründung des Vereins im Vordergrund stehen sollten. Es lag mir einfach am Herzen die Ereignisse zu dieser Zeit und die Geschichten der Menschen, die daran beteiligt waren aufzuschreiben. Daher ist es nicht zu einer weiteren Zusammenarbeit mit Roland gekommen. Im Nachhinein ist festzustellen, dass ich und wir alle in diese Ereignisse hineingewachsen sind. Ich habe insgesamt 2 ½ Jahre geschrieben und wenn ich heute das Geschriebene durchlese merke ich, wie stark sich alles schon wieder verändert hat. D.h. natürlich nicht, dass die Dinge so nicht mehr stimmen, wie sie vor 2 ½ Jahren niedergeschrieben wurden! Ich kann nur feststellen, dass ich heute die Geschichte anders schreiben würde. Genau das ist auch der Grund, warum ich die Geschichte mit dem Richtfest vom 21. Juli 2012 enden lassen möchte. Aber auch das Richtfest liegt jetzt schon 10 Monate zurück. Auch in diesen 10 Monaten haben sich viele Dinge ereignet und verändert. Seit einigen Monaten hat sich ein neues Team am Bau zusammen gefunden. Dieses Team setzt sich zusammen mit Günter vehement für die Fertigstellung des Holzhauses ein. Dieter, der im Mai 2011 zu unserem Vorstand kam, ist dort für den Arbeitseinsatz beim Bau verantwortlich. Sein Bautrupp besteht hauptsächlich aus Uwe, Bert und Wolfgang. Es war gar nicht so einfach aufgrund des extrem harten Winters in 2012/2013 mit den Bauarbeiten weiterzukommen.

Während ich diese Zeilen schreibe ist das Datum für die Eröffnungsfeier unseres neuen Kiosks auf den 6. Juli 2013 geplant. Somit sieht es ganz danach aus, dass wir zum Beginn des Sommers 2013 endlich eröffnen können. Wissen kann ich es aber erst dann, wenn es so weit ist. Inzwischen ist so viel geschehen, dass ich vorsichtig geworden bin mit festen Äußerungen. All die Ereignisse die in den letzten Monaten am und um den Kalscheurer Weiher geschehen sind würden bereits eine neue Geschichte ergeben. Wir alle haben während unserer Arbeit im Verein und **bei** unserem Einsatz am Weiher viel gelernt und sind dabei oft an unsere Grenzen gegangen. Es ist nicht immer friedlich zugegangen und es hat sich auch herausgestellt, dass nicht jeder gleich gut mit jedem kann. Dies wäre auch ein Wunder bei der Unterschiedlichkeit der Menschen, die sich hier zusammengefunden haben. Wichtig und entscheidend ist allerdings, dass wir immer noch zusammen sind und das Projekt auf die Beine gestellt haben. Dafür bin ich allen außerordentlich dankbar.

Übrigens, auch beim diesjährigen Karnevalsumzug in der Schulze-Delitzsch-Straße waren wir wieder dabei, diesmal als **Heinzelmännchen vom Kalscheurer Weiher** (s. Foto S. 112).

Umzug Schulze-Delitzsch-Straße 2013

# Anhang 1

Keine Werbung! Bitte weitergeben!

**R e t t e t  d e n  L i d o !**
Bürgerinitiative
Kalscheurer Weiher.

www.nabis.de

................................................................Februar/März 2010

B ü d c h e n  und  B o o t e  am  K a l s c h e u r e r  W e i h e r  sind weg!
Pächterin gemobbt vom Grünflächenamt!
Wem gehört der Kalscheurer Weiher? Wem gehört der Grüngürtel?
Den Adenauer-Enkeln oder den Bürgern?

Über Monate haben Mitarbeiter der Stadtverwaltung der Pächterin des Kiosk und des Tretbootverleihs am Kalscheurer Weiher das Leben schwer gemacht (1). Nun ist sie vom Grünflächenamt durch Amtsmissbrauch sowie unter fadenscheinigen Vorwürfen weggemobbt und ihrer selbstständigen Existenz beraubt worden. Viele Bürger in Zollstock, die das mitbekommen haben, sind empört. Doch warum sollte Frau Bruce und der Kiosk weg? In der Zeitung war zu lesen: "Die Zeit der Anarchie (am Kalscheurer Weiher) ist bald vorbei!"(2) Doch warum?

Da die Stadt Köln immer mehr Geld in absurde Großprojekte steckt (Müllverbrennungsanlage, Messe-Bau, U-Bahn-Bau, Schauspielhaus...) hat sie für die Pflege der Grünanlagen kein Geld mehr und zieht sich immer mehr aus ihrer Verantwortung für die Grünflächen zurück. So auch am Kalscheurer Weiher. Gleichzeitig überlässt sie die Pflege und Gestaltung mancher Grünflächen nun der schwer reichen privaten **Kölner Grün Stiftung gGmbH**. Wie am Kalscheurer Weiher. Doch diese Stiftung sieht nur vordergründig so aus, wie eine nützliche Öko-Initiative, die Parks verschönern will. Die Geschäftsführer dieser Stiftung sind die Brüder Paul Bauwens-Adenauer und Dr. Patrick Adenauer (die Enkel von Konrad Adenauer), die gleichzeitig die Chefs eines großen Kölner Baukonzerns sind. Zum Kuratorium dieser Stiftung gehört derselbe Kreis von Konzernen und Reichen, die unter der Führung von Esch/Oppenheim Verträge mit der Stadt Köln zum Bau der Messehallen abgeschlossen haben (sogenannte PPP-Verträge)(3). Zu einem total überhöhten Preis für den Haushalt, wie man weiß. Bauwens-Adenauer, dieser mächtige Baukonzern sucht - genauso wie zuvor schon Esch/Oppenheim - nach neuen lukrativen Projekten mit der Stadt Köln, um sich dann ungehindert aus öffentlichen Kassen bedienen zu können oder um öffentliches Eigentum zu übernehmen, nur Bauwens-Adenauer benutzen jetzt andere Tricks als seinerzeit Oppenheim und setzen dabei auf ihr grünes Image, ....schließlich hatte Großvater Adenauer ja die Grüngürtel geschaffen...

Bauwens-Adenauer ist auch der Konzern, der mit anderen großen Konzernen, verkleidet als ein eingetragener gemeinnütziger Verein den Bürgern der Stadt Köln im Jahr 2008 den sogenannten "Masterplan" geschenkt (!) hat (4). Eine Schenkung, die vorsieht, die Entwicklung von Innenstadt und Deutz ganz in die Hände von Konzernen zu legen. Im Windschatten des Masterplans hat ausgerechnet Bauwens-Adenauer bereits zahlreiche Grundstücke in der Südstadt aufgekauft, und schon eins vollkommen überteuert - natürlich zu Lasten des Steuerzahlers - weiter verkauft. (Gelände der Küppers-Kölsch-Brauerei in Bayenthal) (5).
Nun sagt die Geschäftsführerin der Kölner Grün Stiftung, Frau Bülter, mit Blick auf den Kalscheurer Weiher, den Unsinn, den die Grün Stiftung am Kalscheurer Weiher gemacht hat, sei nichts weiter als eine Schenkung an die Bürger der Stadt! Und es gäbe keine Verträge.
Doch wer die entsprechende Beschlussvorlage der Bezirksvertretung Rodenkirchen zum Kalscheurer Weiher vom 28.10.2008 liest (6), dem drängt sich eher der Eindruck auf, es

handele sich hier um die Verabredung zwischen einem Großgrundbesitzer (Bauwens-Adenauer und Kuratorium) und seinem Knecht (Stadt Köln): *"Das Kuratorium der Stiftung hat dem Vorschlag zugestimmt, den...Kalscheurer Weiher aufzuwerten".* Hat die Bevölkerung da auch schon zugestimmt? Oder ist das nicht nötig? *"Die Bezirksvertreter begrüßen die Initiative der Kölner Grün Stiftung zur Sanierung und Aufwertung des Kalscheurer Weihers und beauftragen die Verwaltung, die **begleitenden Maßnahmen** umzusetzen."* Was heißt hier *"Sanieren und Aufwerten"?* Für wen soll aufgewertet werden? Für uns? Und es geht noch weiter: Die *"Verbesserung der Anlagenqualität kann nur erreicht werden, wenn die Gesamtsanierung ganzheitlich erfolgt."* (6) Heißt das, Kiosk und Bootsverleih von Frau Bruce muss weg, egal wie sie sich verhält? Und wir? Sollen wir auch wegbleiben? Dann würde man hier doch ehrlicher Weise und besser von einer geschenkten Säuberungsmaßnahme zu Lasten der beruflichen Existenz von Frau Bruce sprechen und das gegen den ausdrücklichen Willen der Bürger!

**Am selben Tag**, an dem die Bezirksvertretung die "Schenkung" der Grün Stiftung akzeptiert hat, hat das Grünflächenamt den Pachtvertrag von Frau Bruce zum Jahresende 2009 gekündigt. Selbst als der Bezirksvertretung Rodenkirchen **einstimmig** einer Verlängerung des Pachtverhältnisses zumindest bis Ende März 2010 zugestimmt hat, hat dass das Grünflächenamt nicht interessiert! Warum nicht?

Ähnliches war schon im Jahre 2007 der Pächterin von Kiosk und Bootsverleih am Decksteiner Weiher (Haus am See) passiert. Auch sie ist gekündigt worden und es wurde damit zugleich eine selbstständige berufliche Existenz vernichtet. An gleicher Stelle sieht man heute nur noch ein paar Plastikboote, die durch einen „Ein-Euro-Jobber" beaufsichtigt werden - organisiert durch die Grün Stiftung! Und das auch noch unter Verstoß gegen gesetzliche Arbeitnehmerschutzbestimmungen! Und was ist mit anderen Kahnstationen in Köln, wie zum Beispiel der im Blücher Park in Nippes?

Die am Decksteiner Weiher herrschende stromlinienförmige Schickimicki - Atmosphäre scheint für die Stadt und Stiftung das Ideal zu sein! Soll das nun auch so am Kalscheurer Weiher werden oder kommt noch Schlimmeres?

Ist die Verwaltung dabei neue sogenannte PPP - Verträge (Publik Private Partnership) vorzubereiten, um mittelfristig neue Handlungs- und Verdienstmöglichkeiten für den Bauwens-Adenauer Konzern zu schaffen? Musste das Kiosk von Frau Bruce deswegen weg?

Als selbsternannte Südstadt-Entwickler, setzen die Adenauers nun auf sogenanntes „Green-Building" und wollen den äußeren Grüngürtel von einem ersten Schritt vom Rhein bis nach Zollstock „bundesgartenschaufähig" machen. Paul Bauwens-Adenauer nennt das die „Notwendigkeit eines Denkens in größeren Strukturen." (aus:"Lebensart"-Tischgespräch mit den Geschäftsführern der Grün Stiftung)

Schon seit Jahren werden von CDU/ FDP/SPD/ Grünen auf Bundes- und kommunaler Ebene Privatisierungen von Schulen, Krankenhäusern, Messehallen, Kanalsystemen oder Parks durchgeführt. Der Grund: Der Staat bzw. die Kommunen haben angeblich kein Geld mehr und können deshalb ihre Aufgaben nicht mehr erfüllen. Und das, obwohl die Kommunen mit solchen Verträgen immer einen jahrelangen Steuerverlust organisiert haben (7).

Wie soll es am Kalscheurer Weiher nun weitergehen? Wir wollen keinen 1-Euro-Jobber und keine Schicki-Micki-Zone wie jetzt schon beim Haus am See. Hände weg von Kalscheurer Weiher. Leute informiert euch!

Verantwortlich: Ottmar Lattorf, Tel. 34 11 82
Kontakt: Rosalie Lünstedt, Tel. 0163 360 16 42

Fußnoten: siehe Internetseite www.nabis.de unter "Aktuelles Flugblatt" Seite 3.

### Treffpunkt: Montags 19 Uhr Gaststätte Op d`r Eck
(am Südfriedhof Ecke Kendenicher/Höninger Weg)
**Kommt zur Bürgerversammlung im März 2010 in der evangelischen Melanchton Kirche! Genauer Termin siehe nächstes Flugblatt, Internetseite www.nabis.de oder unter obigen Telefonnummern.**
Spendenkonto: NaBiS e.V. 0008523326 bei SSK (BLZ 37050198), Kontoinhaber: Lattorf

**Anhang 2**

*„Was ist eine Bürgerversammlung?*

*Die Gemeindeordnung für das Land NRW sieht unter §
23 vor, dass der Rat die Einwohner bei wichtigen Planungen und Vorhaben, die das soziale Wohl der Einwohner berühren, möglichst frühzeitig durch Bürgerversammlung unterrichten soll. Aber auch in Situationen, in der die Anfragen der Bürger zu bestimmten Vorkommnissen bei der Verwaltung keine Klarheit bringen, die Politik selber ratlos ist oder gegen die Interessen der Bürger arbeitet, in Situationen wo das Vertrauen der Bürger in die Politik und Verwaltung verschwunden ist, können die Bürger auch selbstständig zu einer Versammlung der Bürger in ihrer Gemeinde oder ihrem Stadtteil aufrufen. Jeder Bürger hat dort Rederecht. Der Bürger kann dabei in aller Öffentlichkeit z.B. Fragen an die gewählten Stellvertreter und an die von ihm beauftragte Verwaltung stellen. Die Bürger können sich aussprechen, beraten und die gewählten Vertreter für bestimmte Aufgaben direkt beauftragen. Es können Beschlüsse gefasst werden und man kann wiederholt zu einer solchen Versammlung aufrufen. In Anbetracht der heute grassierenden Parteien- und Politiker-Verdrossenheit sollte von diesem zutiefst demokratischen und effektivem Werkzeug häufiger Gebrauch gemacht werden."*

**Anhang 3**

*"Unser Kalscheurer Weiher e.V. stellt sich vor.*

*Entstanden aus einer Bürgerinitiative zur Erhaltung der Kahnstation und des Kiosk am Kalscheurer Weiher in Zollstock wurde der Verein im Mai 2010 gegründet. Zuvor waren die Bürger/innen in und um Zollstock aktiv geworden, weil sie es nicht hinnehmen wollten, dass ihnen ihr geliebter Platz am See durch die Kündigung der Stadt Köln an die Vorbesitzer weggenommen wurde. Bei der Bürgerversammlung am 24. März 2010, an der ca. 200 Menschen teilnahmen, wurde klar, dass die Menschen nicht auf ihre geselligen oder besinnlichen Treffen am See verzichten wollten. Unter Vorsitz von Ulrike Bojahr und Rosalie Lünstedt wurde der Verein Unser Kalscheurer Weiher e.V. gegründet und am 29. April 2010 als gemeinnützig zum Zwecke des Naturschutzes anerkannt. Der Verein hat z.Zt. 20 Mitglieder und viele ehrenamtliche Helfer.*

*Die Mitglieder und die ehrenamtlichen Helfer arbeiten sehr eng zusammen und nur so lassen sich all die vielen Aufgaben erledigen. Aber auch an dieser Stelle möchte ich noch mal darauf hinweisen, dass uns zusätzlich Helfer immer willkommen sind. Wir können auch in Zukunft all die Aufgaben nicht alleine bewerkstelligen. Hilfe ist daher dringend nötig. Ob Kuchen backen, im Kiosk aushelfen, technische Arbeiten und, und, und jede Hilfe ist willkommen. Zur Info seht auf unsere Internetseite und nehmt Kontakt zu uns auf (www.kalscheurer-weiher.de)."*

**Anhang 4**

Radio Köln - Projekt 20

Liebe Besucher des Kalscheurer Weihers, 2. Mai 2011
liebe Freunde des Kalscheurer Weiher e.V.,

wie zwischenzeitlich bekannt ist, haben wir seit 1. April 2011 die Pacht von der Stadt Köln erhalten und unser Bauantrag wurde eingereicht. Es wird aller Wahrscheinlichkeit nach noch bis Ende der Sommerferien dauern, bis wir endlich an zu bauen fangen können! Da die finanziellen Mittel für den Bau bisher noch nicht in voller Höhe aufgetrieben werden konnten, tut sich nun eine Möglichkeit auf durch das „Projekt 20", welches z.Zt. von Radio Köln durchgeführt wird, eventuell die Bausumme zur Verfügung gestellt zu bekommen. Wir bitten alle, die sich für die Erhaltung des Kahnbetriebs und der Pachtstation am See einsetzen möchten, auf die Internetseite von Radio Köln (www.radiokoeln.de) zu gehen und dort das „Projekt 20" anzuklicken. Dort gibt es ein Formular, womit Ihr für unser Projekt stimmen könnt. Hintergrund ist, dass Radio Köln im Rahmen seines 20. Sender-Geburtstages 20.000,00 € spendet um ein Projekt in Köln zu unterstützen, für das sich Menschen in ihrem Veedel besonders engagieren und stark machen. Die Vorschläge zu diesem Projekt müssen bis zum **8. Mai 2011** auf der Internetseite von Radio Köln eingegangen sein. Die Jury wählt dann 20 Vorschläge aus und die Hörerinnen und Hörer können dann über diese Vorschläge abstimmen.

Wir sind ganz Feuer und Flamme von der Idee, dass vielleicht unser Projekt ausgewählt wird und wir auf diese Art und Weise die Bausumme für unser Holzhaus zusammen bekommen.

Wir würden uns sehr freuen, wenn diese Aktion, und auch die anschließende Abstimmung, Unterstützung findet.

Vielen Dank und weiter viel Freude am See
Unser Kalscheurer Weiher e.V.

## Danksagung des Vereins

An alle Mitglieder und Nichtmitglieder für ihren aktiven Einsatz am Kiosk, bei der Renovierung der Boote, bei den Bauarbeiten des neuen Kiosks, und bei vielen anderen Arbeiten.

Andrea, Astrid, Bert, Brigitte, Ernst, Erwin, Günter, Dieter, Harald, Heide, Helga, Jörg, Karin, Karl, Maria, Renate, Rolf, Rosalie, Ulrike, Uwe, Ute, Volker, Wolfgang, und viele spontane Helfer.

An alle Mitglieder und Fördermitglieder für ihre finanzielle Unterstützung.

An Wilfried Schmickler, der uns durch seine Benefizveranstaltung am Kalscheurer Weiher zu einer großartigen finanziellen Unterstützung verholfen hat.

An die Bezirksvertretung Rodenkirchen für ihre Baugenehmigung. Ein besonderer Dank geht dabei an Eberhard Petschel (damals Bezirksbürgermeister in Rodenkirchen), Marlies Ante (CDU) und Sabine Müller (Die Grünen).

An unser Mitglied und Museumsgestalter Günter Marquardt (Entwurf des Kiosks, Planung und Gestaltung und teilweise Umsetzung der Baumaßnahmen).

An Zimmermannslehrling Luis Herrmann, (technische Umsetzung der Pläne), sein Chef Stephane Erulin (Kontrolle der Pläne, Bereitstellung der Werkstatt), an Zimmermannslehrling Philippe Raviolo,

(Konstruktionspläne) nochmals an Luis Herrmann und Tobias Buchale (Aufbau des Büdchens).

An unsere Mitglieder Dieter Bläser (Peter Kaiser GmbH) und Uwe Bogenschütz (beide Installationsarbeiten, Innenausbau) Bert Pelzer (Innenausbau) und Wolfgang Weis (Elektroinstallation), Harald (Elektroarbeiten), Horst Bläser (Fliesenarbeiten) Manfred Weinhold, Martine Barth (für die Ausstattungsspende).

An den toom Baumarkt, Köln Zollstock, der uns mit einer großzügigen Sachspende Material für den Ausbau des Kiosks zur Verfügung gestellt hat.

Ein spezieller Dank geht an Otmar Lattorf und Harro Schultze die den Anstoß für die Bürgerinitiative gegeben haben.

Unser Kalscheurer Weiher e.V.

Herstellung und Verlag:
BoD – Books on Demand, Norderstedt
ISBN 978-3-7322-4739-4